Qu'allons-nous faire de vous ?

OUVRAGES DE MARIE DE HENNEZEL
(bibliographie sélective)

Une vie pour se mettre au monde, avec Bertrand Vergely, Carnets Nord, 2010.

La Sagesse d'une psychologue, L'Œil neuf, 2009.

La chaleur du cœur empêche nos corps de rouiller, Robert Laffont, 2008.

Mourir les yeux ouverts, Albin Michel, 2005 ; Pocket, 2007.

Propositions pour une vie digne jusqu'au bout, Le Seuil, 2004.

Le Souci de l'autre, Robert Laffont, 2004 ; Pocket, 2005.

Nous ne nous sommes pas dit au revoir, Robert Laffont, 2001 ; Pocket, 2002.

L'Art de mourir, avec Jean-Yves Leloup, Robert Laffont, 1997 ; Pocket, 1999.

La Mort intime, préface de François Mitterrand, Robert Laffont, 1995 et 2001 ; Pocket, 1997.

L'Amour ultime, avec Johanne de Montigny, préface de Louis Vincent Thomas, Hatier, 1991 ; Le Livre de Poche, 1997.

Marie de Hennezel
Édouard de Hennezel

Qu'allons-nous faire de vous ?

carnetsnord

À Bruno et à ses petits-enfants.

12, villa Cœur-de-Vey, 75014 Paris
www.carnetsnord.fr
ISBN : 978-2-35536-049-7

PROLOGUE

Marie de Hennezel

Depuis quatre ans, à travers mes livres et les séminaires que j'anime pour des retraités, je mène une réflexion sur le sens de la vieillesse et la possibilité de vivre son avancée en âge de façon heureuse et sereine. Ce livre s'inscrit dans le prolongement des précédents. Il est né d'un échange que j'ai eu, il y a quelques mois, avec mon fils Édouard, âgé de 38 ans.

Je lui faisais part des réactions si contrastées des hommes et des femmes de ma génération, face à leur grand âge. Les uns, mais pas les plus nombreux, se montraient plutôt confiants, les autres témoignaient d'une affreuse inquiétude. La génération des seniors, dont je fais partie, sait qu'elle a de grandes chances – statistiques – de pouvoir vieillir longtemps, sans doute en bonne santé, mais que les toutes dernières années apporteront avec elles leur lot de maladies, de solitude, et peut-être aussi de souffrance liée au fait de perdre son autonomie et de devenir dépendant. Nous sommes cependant déterminés à ne pas peser sur nos enfants. Les valeurs d'autonomie qui nous ont portés, depuis Mai 68, sont si fortement ancrées en nous, que nous ne pouvons nous identifier à nos grands-parents, lesquels trouvaient en quelque sorte normal que leurs enfants les prennent chez eux dans leur vieillesse et s'occupent d'eux. Juste retour des choses, dans leur esprit : ils s'étaient occupés de leurs enfants dans leur jeune âge, aux enfants de veiller sur eux dans leur grand âge. Notre génération récuse ce modèle. La plupart d'entre nous préféreraient mourir plutôt que d'imposer à leurs enfants une telle charge. Nous avons parfois le souvenir de l'exaspération de notre père ou de notre mère devant les caprices d'un aïeul exigeant, de leur lassitude, de leur désir, à peine voilé, de voir partir cet intrus, afin de pouvoir respirer un peu et enfin pouvoir mener leur vie. Nous nous disons alors : jamais cela !

L'autonomie se paie du prix de la solitude. Ma génération est en train de s'en rendre compte. J'entends parfois, autour de moi, cette peur d'être abandonné, un jour, ou tout du moins négligé par ses enfants. Les gens ont souvent les larmes aux yeux quand ils évoquent cette perspective. Ils réalisent alors la fragilité de cette position d'autonomie à tout prix. Nous parlons de notre peur de la dépendance. Certes, nous préférerions rester autonomes le plus longtemps possible, peser le moins possible sur les nôtres, et nous entendons bien tout faire pour prendre soin de notre corps et de notre esprit, mais si la dépendance arrive, comment la vivre ? Est-elle vraiment une catastrophe absolue ? Ne pourrait-elle être une occasion de rapprochement et d'amour ?

Édouard m'a écoutée et raconté alors un dîner auquel il avait assisté la semaine précédente : « Une femme a parlé de l'enfer que vivaient ses parents, occupés jour et nuit à veiller sur sa grand-mère dont la maladie d'Alzheimer s'aggrave. Du coup, toute la soirée, la conversation a tourné autour de notre rapport à la vieillesse et de ce que nous allions faire de vous, quand vous serez très vieux, et peut-être dépendants. L'un d'entre nous s'est exclamé de manière assez virulente : "Pas question que je m'occupe de mes parents quand ils seront croulants ! Ils ne se sont pas occupés de nous quand on était gamins. Et maintenant qu'ils sont à la retraite, ils sont encore plus égoïstes qu'avant ! Ils ne pensent qu'à leurs voyages avec les copains, à leurs soirées théâtre, à leur aquagym, ou à changer de bagnole… Ils sont débordés ! Pas moyen de leur confier nos enfants pour un week-end ! Leur vieillesse, c'est leur problème, pas le nôtre ! Nous, nous avons notre vie à construire, notre couple, notre famille. C'est déjà assez difficile comme ça ! On ne va pas se faire ch… à s'occuper d'eux quand ils seront décatis ! Manquerait plus que ça !" Sa femme approuvait de la tête. »

Je demande alors à mon fils si toute sa génération pense cela. Non, bien sûr ! Ces propos réducteurs ont jeté un certain malaise. Il y a eu des protestations. Beaucoup ont affirmé au contraire, et pour des raisons diverses, qu'ils ne s'imaginaient pas une seconde abandonner leurs parents à la solitude du grand âge. Mais d'autres ont rappelé que la réalité ne leur permettrait sans doute pas de s'occuper de leurs aînés aussi bien qu'ils le voudraient, car il fallait aussi tenir compte de son conjoint, ne pas détruire son couple ou même risquer de perdre son boulot !

Édouard se dit surpris par l'écart entre les intentions des uns et des autres et il se demande ce qu'il y a derrière. Sans doute toute l'histoire affective des familles, sans doute la culture.

Mais il y a aussi, selon lui, un consensus assez critique, un agacement vis-à-vis des anciens soixante-huitards, devenus des seniors gâtés par la vie. Une génération qui a tout eu, les Trente Glorieuses, la liberté sexuelle sans le sida, un marché du travail florissant, un accès facile à la propriété, et qui a joui de la vie sans l'ombre d'un questionnement pour finalement transmettre à ses enfants une terre polluée et une dette colossale !

À la fin, me dit-il, un jeune sociologue a tenté de prendre un peu de hauteur. « Oui, nos parents appartiennent à une génération qui a transformé la société et qui s'est construite sur des valeurs d'autonomie et d'individualisme. On ne peut pas leur jeter la pierre sur tout. Ils ont tout de même contribué à la libération psychologique de la société en faisant sauter quantité de tabous. Ils ont inventé des rapports humains plus détendus, moins hiérarchisés, dans le monde du travail, de l'éducation et jusque dans l'intimité des familles. Ce n'est pas rien. Mais ils l'ont fait sans conscience, avec une certaine immaturité qui saute maintenant aux yeux. On se dit donc que la logique voudrait qu'ils aillent jusqu'au bout de leurs valeurs, et qu'ils s'assument dans leur grand âge, sans peser sur leurs enfants. Et s'ils récoltent la solitude sociale et affective, ce ne sera finalement que le fruit de ce qu'ils auront contribué à mettre en place. À moins qu'ils ne sachent retourner les choses ?

« Tu vois, me dit Édouard, nous sommes arrivés à la même conclusion que vous, dans vos ateliers sur le "bien vieillir" : à vous de retourner les choses ! À vous de nous léguer quelque chose qui nous aide à vivre et à nous occuper de vous plus tard ! À vous de nous transmettre un "savoir vieillir" moins angoissant ! Autre chose que le "Jouissez ! Révoltez-vous !" de votre jeunesse. »

Cet échange sur la problématique anxiogène du vieillissement nous a donné envie d'approfondir notre dialogue. Ma génération est partagée entre la peur de peser sur ses enfants et la peur de vieillir dans la solitude. Sa génération se demande ce qu'elle fera ou pourra faire de nous, dans notre grand âge. Il nous a paru évident qu'il fallait creuser la question. Édouard m'a proposé de mener une enquête auprès des 35-45 ans.

Il a rencontré une quarantaine de ses contemporains, issus de milieux socioculturels différents, et nous avons retenu une trentaine de témoignages qui illustrent les différents regards que cette génération porte sur notre vieillissement.

ENQUÊTE

Les quadras face à leurs parents : « Qu'allons-nous faire de vous ? »

Édouard de Hennezel

L'enquête que j'ai menée est une enquête qualitative. Je me suis intéressé à la force des témoignages et à leur diversité. Sur la base d'une grille de questions assez sommaire, j'ai privilégié la rencontre, souhaitant savoir de quel point de vue me parlait mon interlocuteur. Certains entretiens ont duré plusieurs heures, d'autres ont été plus brefs.

Le choix des personnes interviewées s'est effectué d'abord dans mon réseau d'amis ou dans mon voisinage, puis le bouche à oreille fonctionnant, dans un cadre plus large incluant des personnes de milieux socioculturels différents, venant d'autres régions de France. Je me suis aussi rendu dans une maison de retraite et un établissement pour personnes atteintes de la maladie d'Alzheimer, et j'y ai rencontré des gens de ma génération, impliqués dans le soin aux personnes âgées.

Mes interviewés ont entre 35 et 45 ans. Il y a parmi eux des couples, des célibataires, des gens aisés et d'autres qui ne le sont pas du tout, des croyants et des non-croyants, des gens d'origine étrangère, notamment du Portugal, du Maroc, du Sénégal, du Rwanda, de Chine. Ils m'ont tous accueilli avec sympathie, désireux de participer à cette enquête qu'ils ont qualifiée d'originale et innovante.

Ce que nous ferons de nos parents, quand ils seront vraiment vieux, ma génération dit honnêtement qu'elle n'y a pas pensé, car elle a du mal à imaginer la vieillesse de ses parents, lesquels le plus souvent sont encore jeunes, en pleine forme.

Pourtant, lorsque je leur ai posé la question – et quand ils seront très vieux et peut-être dépendants ? –, les uns et les autres ont évoqué leurs grands-parents, souvent atteints de la maladie d'Alzheimer, pour la plupart en maison de retraite. Et c'est à partir de cette image de leurs propres aïeuls et des conditions dans lesquelles ils vivent leurs vieux jours que les langues se sont déliées. Mes contemporains se sont mis à parler de cette question somme toute taboue : la vieillesse et la dépendance.

Ils en ont parlé avec beaucoup de spontanéité et de vérité. J'ai été surpris par l'écart entre un discours assez défensif, rationnel, individualiste et critique, d'une part, et un discours très impliqué, affectif et solidaire, d'autre part. Vous trouverez dans les pages qui suivent le récit que je fais de ces rencontres.

La génération 68 a tellement pensé à elle
qu'il faut espérer qu'elle pensera aussi à elle
pour les jours plus difficiles.

Marc, 38 ans, est consultant dans un grand cabinet de conseil en stratégie. C'est un homme vif, au teint frais, qui me reçoit un dimanche après-midi dans son appartement parisien. Ses trois enfants jouent dans le salon pendant que nous parlons. Lorsque j'évoque les éventuelles inquiétudes de la génération de nos parents, il prend un air amusé, goûtant au plaisir de pouvoir, comme il dit, « remettre l'église au milieu du village ».

« Ah, ils sont inquiets ? », dit-il en souriant. Marc me rappelle alors qu'une des promesses de campagne de Sarkozy était de créer un cinquième pilier à la Sécurité sociale pour couvrir le risque de la dépendance. Il trouve assez amusant que cette génération 68, qui est en train de passer la main, essaie, avant de partir, de placer ce cinquième pilier pour se faire payer ses frais de dépendance par la génération suivante. Comme si le fardeau gigantesque qu'elle porte déjà du fait des inconséquences de la génération de ses parents ne suffisait pas.

Il me dépeint longuement « cette génération bénie des dieux » qui nous laisse une dette monumentale, alors qu'elle n'a connu qu'une grande période de paix, sans concurrence et avec le plein-emploi. Une génération qui s'est payé le luxe de tout envoyer promener, y compris ses parents qui, eux, au moins, avaient reconstruit le pays ! Marc insiste : « Or, c'est justement dans cette période faste qu'ils ont archi-endetté la France. Il n'y a pas eu un seul exercice positif depuis trente ans ! Trente ans de déficit… trente ans où cette génération était au pouvoir. » Il évoque aussi le passif environnemental qu'ils nous ont laissé et dont nous subissons aujourd'hui les contraintes : « Ils ont pollué sans vergogne sans jamais se poser de question. » Mais leur legs, c'est aussi la dette sociale et notamment la dette liée aux retraites dont « on a des raisons de penser qu'on n'en bénéficiera pas ». En plus, me dit-il, cette génération n'a pas été particulièrement généreuse avec ses parents vieillissants. Elle ne les a pas accueillis comme la tradition le voulait, mais les a « placés dans des espaces assez odieux. [...] Et tout à coup, s'exclame-t-il, on dirait qu'elle commence à flipper de ce qu'elle a elle-même créé ! »

Vraiment, ce serait un comble de devoir supporter les frais de dépendance de cette génération, d'autant qu'elle est « riche et bien portante », assène-t-il en m'invitant à aller consulter les chiffres de l'INSEE qui montrent que la majeure partie du patrimoine est entre leurs mains. D'ailleurs, ironise-t-il, « cette génération a tellement pensé à elle qu'il faut espérer qu'elle pensera aussi à elle pour ses jours plus difficiles ! Donc, plutôt que de s'inquiéter de ce que nous allons faire d'eux, qu'ils s'occupent de savoir comment utiliser leur patrimoine pour construire une offre de prise en charge de la dépendance. »

De son point de vue, la meilleure solution au problème du financement de la dépendance passerait donc par un financement privé, avec un système de solidarité pour les personnes qui en ont besoin. « Focalisons sur le public qui en a vraiment besoin et arrêtons de refiler la patate chaude à la génération qui suit », conclut-il.

Une fois son indignation exprimée, je cherche à en savoir plus sur sa relation à ses parents. Quel regard pose-t-il sur leur vieillesse ? A-t-il déjà pensé à ce qu'il ferait s'ils devenaient dépendants ? Marc reste très évasif. Il m'explique que tout cela est prématuré, que ses parents sont en pleine forme et que « dix ou vingt ans peuvent facilement s'écouler avant que la question ne se pose ». Je le sens très pudique. Il ne dira rien de plus.

En revanche, lorsque je lui demande son avis sur la légalisation de l'euthanasie, autre thème de société, il retrouve toute sa verve. Il est fondamentalement contre. Pour lui, ce serait mettre beaucoup de pression sur des personnes âgées et affaiblies, ce serait un risque énorme en termes de dérives. Mais, c'est surtout une valeur humaniste de base, me dit-il. « Il s'agit de protéger la vie jusqu'au dernier âge. Autoriser quelqu'un à tuer quelqu'un d'autre, ce serait un retour à la barbarie. »

On ne doit pas notre vie à nos parents !

À 41 ans, Lisa est une femme énergique, organisée et volontaire. Elle s'investit partout, du mieux qu'elle peut, dans son métier de dentiste, auprès de ses enfants, et dans des associations humanitaires. Elle « travaille » aussi son couple. Une fois par mois, elle et son mari s'obligent à dîner en tête à tête avec un thème de conversation fixé à l'avance (l'éducation des enfants, l'argent, la sexualité...) et des règles précises de prise de parole : écoute, reformulation...

Le regard qu'elle pose sur la génération de ses parents est sans concession. Ils ont tout eu : le boulot, la croissance, l'énergie, la paix... et au lieu d'en faire quelque chose de bien, ils ont « spolié la planète et massacré la famille ». Sans doute avaient-ils à sortir des carcans et d'un début de XXe siècle étriqué, « mais ils l'ont fait sans conscience, et maintenant c'est à nous d'ouvrir les yeux et à nos enfants de réparer ».

Il y a quelques années, en observant la manière dont sa grand-mère a été « admirablement » prise en charge par ses neuf enfants, elle s'est demandé ce qu'elle-même ferait pour ses parents. La question continue de la perturber, car si elle imagine pouvoir accueillir son père chez elle, un homme « pas difficile », ce n'est pas le cas pour sa mère qu'elle qualifie de « dragon en perpétuelle demande d'amour et de reconnaissance ».

Lisa m'explique qu'elle voit dans le comportement de sa mère une demande de « retour sur investissement », qui lui donne le sentiment de devenir la mère de sa mère sur un plan affectif, ce qui lui est insupportable. Comme pour m'assurer qu'elle n'exagère en rien, elle me précise que ses frères et sœurs sont « dans le même état d'esprit » et que pas un n'est en mesure de passer plus de deux jours avec elle à cause de cela.

« On ne doit pas notre vie à nos parents », affirme-t-elle. Ils nous ont « transmis » la vie que leurs parents leur ont transmise, c'est tout. Un jour, sa mère lui a dit : « Tu me dois la vie. » Son sang n'a fait qu'un tour, et elle lui a répondu : « Que dalle ! Je ne te dois rien du tout, c'est Dieu qui t'a donné la vie et qui à travers toi m'a donné la vie. Elle n'appartient à personne, la vie, et personne ne la doit à personne ! »

Dans cette société, déplore-t-elle, on ne tient plus sa place. Or, chacun devrait garder sa place, c'est-à-dire être toujours celui qui transmet la vie à celui d'après.

Elle ajoute que d'un point de vue spirituel, le problème est que nous vivons dans une société capitaliste où même l'amour se marchande : on donne de l'amour et après on doit en récupérer, c'est donnant donnant. « Moi, je pense qu'on doit donner de l'amour à ses enfants, petits-enfants, et arrêter de croire qu'on va en récupérer. On ne récupère rien du tout. »

Lisa prend pour exemple les Chinois, dont l'énergie des ancêtres, qu'ils ont à la naissance, dégringole vers les enfants, et les petits-enfants, jusqu'à ce qu'il n'y en ait plus et que la mort s'ensuive. Le but de notre vie, ce n'est pas de récupérer cette énergie, me dit-elle. « Ma mère veut qu'on lui donne de l'amour : ça va à l'envers de la vie. On ne peut pas le faire parce qu'on est en train de donner de l'amour à nos enfants, autant qu'on peut, et on doit construire notre couple. »

Les parents en demande d'amour commettent « un suicide affectif », s'exclame-t-elle. « Ils s'imaginent qu'étant adultes, nous allons pouvoir leur prodiguer de l'amour, mais ça ne marche pas comme ça. » Elle estime que notre devoir de fils et de fille, quand nos parents seront dans le grand âge, sera d'en prendre soin. Il s'agira surtout de les honorer, d'honorer leur corps, leur fin de vie. Mais, cela ne signifie pas « un retour à la case départ, car on ne va pas les ré-aimer comme s'ils avaient 2 ans ! »

Lisa n'attend rien de ses parents si ce n'est qu'ils aiment leurs petits-enfants et leur transmettent le plus possible. C'est d'ailleurs pour cela qu'elle favorise la relation entre eux.

Je lui demande alors ce qu'elle aimerait que ses enfants fassent pour elle, si elle se retrouvait un jour seule dans le grand âge. « Mon rêve, ce serait d'habiter dans une petite chambre chez l'un d'eux et de voir la vie, d'entendre les sons de la voix de leurs enfants et de pouvoir m'éteindre au milieu des miens. »

Le lien qui me rattache à elle est purement légal.
C'est ma mère, même si elle ne l'a jamais été.

Véra a le regard doux et maternel. À 35 ans, cette mère de trois enfants vit à Bordeaux et travaille à mi-temps. Face à cette femme prévenante, calme et souriante, je me dis qu'elle n'a pu grandir que dans un contexte familial très équilibré, entourée d'affection.

Mais ce n'est pas vraiment le cas. Véra avait à peine 10 ans quand sa mère a quitté le foyer sans plus jamais donner de nouvelles. « Elle a fait le choix de vivre sans enfants, elle n'était pas une mère. » Le père de Véra a assumé seul l'éducation des enfants. Après le départ de sa femme, il est resté célibataire. Il est aujourd'hui âgé de 73 ans et vit seul dans le nord de la France.

Véra n'envisage pas une seconde de reprendre contact avec sa mère. « Quand on a 10 ans et qu'on doit apprendre à vivre sans sa mère, ce n'est pas à 35 ans qu'on apprend à vivre avec. »

Et même si, la vieillesse aidant, sa mère revenait vers elle, Véra sait qu'elle ne pourra jamais rien lui donner en termes d'affection. « J'en suis incapable. » Sur le plan matériel, elle pense aussi être la dernière qu'il faudrait solliciter, même si elle a conscience de l'obligation que la loi fait aux enfants de subvenir aux besoins de leurs parents. « Le lien qui me rattache à elle est purement légal. C'est ma mère, même si elle ne l'a jamais été. »

Du côté de son père, Véra a appris à se méfier de sa famille. À s'en détacher même. « Ils mettent sans arrêt l'esprit de famille en avant, alors qu'il n'y a que principes et rigidités religieuses. »

Elle me raconte comment la famille de son père lui a montré son vrai visage, lorsqu'elle a voulu épouser un homme divorcé. « C'est simple, personne, pas même mon père, n'est venu à mon mariage. » Ils ne voulaient pas « cautionner » une union qui ne soit pas célébrée religieusement. Pire, certains se sont même permis de lui écrire pour lui signifier qu'elle faisait la pire erreur de sa vie. Encore aujourd'hui, Véra s'indigne que pas un de ses cousins, oncles ou tantes, ne se soit déplacé. Cela la met d'autant plus hors d'elle qu'une de ses cousines a été plus tard « mariée » en catastrophe parce qu'elle était enceinte, pour finalement divorcer quelques mois après.

Alors forcément, dit-elle, une famille comme celle-là, « je m'en préserve ». Pour elle, la « famille », ce ne peut être que la sienne, celle qu'elle construit.

Elle pense que son père ne se rend pas compte à quel point elle a été affectée par son absence à son mariage : « Il s'imagine que tout va bien. Il fait partie de la très vieille France aristocratique qui vit sur des principes et pas du tout dans la réalité, qui ne connaît pas le sens du mot affectif : avec lui, on ne parle pas du tout de ce que l'on ressent. »

Avec le temps, Véra a pris de la hauteur. Elle tient à préserver le lien avec le père qui l'a élevée, bien qu'elle lui en veuille encore de l'attitude qu'il a eue à un moment aussi important de sa vie. Au fond, ce qui lui importe, ce ne sont pas les « rigidités religieuses » de cet homme, mais c'est de voir qu'il est un bon grand-père et qu'il s'entend bien avec son mari. Et puis, préserver la relation, me dit-elle, c'est aussi lui faire du bien. « Quand nous passons des vacances ensemble, nous arrondissons son côté anguleux. »

Et si un jour il ne peut plus vivre seul ? « Il décidera de ce qu'il veut. Soit il restera chez lui avec quelqu'un qui s'en occupera, soit il vendra sa maison pour se rapprocher de nous. Il pourra alors aller dans une résidence médicalisée ou encore dans une chambre ou un studio dans notre immeuble. » Quoi qu'il en soit, Véra compte faciliter autant que possible la « belle relation » que son père construit avec ses petits-enfants. Une relation qu'elle juge essentielle dans la vie de ces derniers. Peut-être parce qu'elle-même n'a pas connu ses grands-parents. Sauf sa grand-mère maternelle, mais qu'elle ne voit plus depuis longtemps, et pour cause : « Elle est tout ce que je déteste, c'est la vieillesse chiante, celle qui râle, parle fort, pour qui rien ne va… et puis raciste. »

Ce n'est pas le cas de sa voisine âgée de 90 ans qui vit à l'étage au-dessus et dont elle parle avec joie. « Elle est charmante, gaie, légère et s'intéresse à ce qui l'entoure. Pourtant, sa santé est extrêmement fragile. » Une fois par semaine, Véra l'invite à prendre le thé, et pendant les vacances, elles s'écrivent. « C'est mon amie du quartier », me dit-elle.

J'irai voir ma mère de temps en temps,
je lui enverrai des textos, mais pas plus.

À peine assis, Karim pose un premier, puis un deuxième BlackBerry sur la table. Il y jette un coup d'œil rapide, comme pour vérifier que les appareils captent convenablement dans le restaurant où nous nous trouvons. À 36 ans, il est le directeur financier d'une grosse PME. Costume sombre, chemise blanche, cravate rose pâle au nœud impeccable et boutons de manchettes assortis, l'homme est extrêmement soigné. Seuls ses ongles rongés laissent entrevoir un certain niveau de stress. Dès le début de notre rencontre, il me précise qu'il ne sait pas très bien pourquoi il a accepté de parler d'un sujet qui, finalement, ne le « concerne pas vraiment ». Je lui dis alors qu'il n'y a aucun problème pour reporter l'entretien ou même l'annuler. Mais cette proposition, paradoxalement, l'incite à parler de lui et à sortir d'un mode que résume assez bien l'expression *« Time is money*[1] ». D'origine libanaise, Karim est fils unique, son père est mort très jeune et il n'a jamais voulu en parler, alors « ce n'est pas aujourd'hui que je vais commencer ». Quant à sa mère, elle « vieillit doucement » et, me dit-il, « je la vois de temps en temps, comme n'importe quel fils ».

Il a le sentiment de n'avoir jamais su ce qu'était une famille, mais de ne pas en souffrir. Il sait aussi qu'il n'en fondera jamais une puisqu'il est homosexuel. « C'est la grande tristesse de ma mère » qui, à 65 ans, aurait volontiers connu la joie d'une relation avec des petits-enfants.

A-t-il une idée de ce qu'il compte faire pour elle quand elle sera dans le grand âge, et éventuellement dépendante ? Je suis surpris par la rapidité de sa réponse. Il y a déjà pensé et son objectif est clair. Comme il met tout en œuvre pour être directeur général à 40 ans, « y compris

1. « Le temps, c'est de l'argent. »

ce qu'il ne faut pas faire », lâche-t-il avec un air faussement intrigant, il mise sur le fait qu'il aura gagné suffisamment d'argent dans dix ou vingt ans, « pour moi d'abord, mais aussi pour payer des gens qui s'occuperont de ma mère quand elle en aura besoin ». Karim le dit très clairement, il n'a aucune envie de s'occuper lui-même de sa mère, mais il pense qu'il se doit au moins de « financer sa vieillesse » parce qu'elle s'est « bien occupée » de lui. Conscient qu'il n'aura probablement jamais personne d'autre à charge, il ira sans doute lui « rendre visite de temps à autre » et lui écrira des textos. « Mais pas plus. » Car, rappelle-t-il, « moi aussi, j'ai ma vie à vivre ».

Je me souhaite de mourir avant de devenir un poids pour ma famille. Ma mère pense la même chose.

Pauline me donne rendez-vous au fond d'un bistrot, près du lycée où elle enseigne le français, en région parisienne. Lorsque j'arrive, avec un peu d'avance, elle me demande de patienter un moment. Il ne lui reste plus qu'une copie à corriger. C'est un deux sur vingt qu'elle octroie en rouge, annoté d'un « nul ! ». En ôtant ses lunettes rondes, elle lève la tête et me sourit. Elle me dit être contente de pouvoir échanger sur ce thème « difficile ». Pauline a 39 ans, elle est mariée et a deux enfants. Très tôt, ses parents ont chacun « refait leurs vies ». La vieillesse de sa mère, elle y pense surtout depuis qu'elle a été confrontée à la « déchéance » de sa grand-tante, la sœur de sa grand-mère, veuve et sans enfants. C'est d'abord la mère de Pauline qui s'en est occupée « comme elle a pu », mais elle n'a rapidement plus tenu le coup, étant elle-même en pleine dépression du fait de sa ménopause. L'aide à domicile s'est alors organisée, mais comme il a fallu très souvent remplacer les employés, qui ne restaient pas longtemps tellement la vieille tante « était devenue acariâtre et impossible à vivre », le choix de la maison médicalisée s'est imposé rapidement. Gênée, Pauline m'explique que cette solution a été présentée de manière « assez hypocrite » à sa tante. « Nous lui avons dit que ce serait provisoire, le temps qu'elle se refasse une santé. Mais dans son dos, nous avons résilié son bail, vendu ses meubles et sa résidence secondaire pour pouvoir financer le coût exorbitant de l'établissement. » Quand sa mère lui a dit la vérité, elle l'a très mal vécue. Complètement déprimée, elle répétait sans cesse qu'elle était dans un mouroir, « et qu'on n'attendait qu'une chose, c'était qu'elle crève... »

Pauline a ensuite plusieurs fois accompagné sa mère qui se rendait chaque semaine, le nœud au ventre, à la maison de retraite. « Mais au bout de plusieurs mois, comme ma tante devenait très agressive, et parfois violente, nous n'y sommes plus allées. » Même après la canicule de 2003 qui l'avait considérablement affaiblie. « C'est terrible, mais nous ne sommes pas retournées la voir pour autant. » En apprenant son décès quelques semaines plus tard, la jeune femme n'a pas ressenti une once de chagrin. Au contraire, elle s'en est trouvée soulagée. Aujourd'hui encore, si elle ne regrette pas la décision qu'elle a prise avec sa mère, « car la situation était devenue ingérable », c'est quand même avec une certaine tristesse dont elle n'arrive pas à se défaire qu'elle repense à sa tante. « Mais aussi pour me souhaiter de partir avant d'en arriver là, de mourir avant de devenir un poids pour ma famille. Ma mère pense la même chose. »

Toutefois, s'il devait arriver la même chose à sa mère, ou à son père, elle s'imagine bien les accueillir sous son toit, car elle est convaincue qu'ils seront beaucoup plus faciles à vivre que sa vieille tante. Mais encore faudra-t-il composer avec son mari, dont le modèle familial est très fort, « presque du siècle dernier », me dit-elle. « Il m'a déjà demandé si j'accepterais d'aller m'installer chez ses parents ou pas loin au cas où ils perdraient leur autonomie. » Pauline n'y voit pas d'obstacle, d'autant qu'elle les aime beaucoup et que « ce ne devrait pas être pour tout de suite ». Mais elle se pose la question de savoir comment elle se débrouillerait si sa mère ou son père avait besoin d'aide en même temps que ses beaux-parents.

Pour le moment, ses parents n'attendent rien d'elle, comme elle n'attend rien d'eux. « On a une relation qui me convient, qui est saine : chacun est indépendant, chacun respecte la sphère de l'autre. Et on se voit de temps en temps pour partager. » Ce qui est important, assure-t-elle, c'est simplement de savoir que l'on peut compter les uns sur les autres en cas de coups durs. Ce qu'elle ne trouve pas sain, en revanche, ce sont les enfants qui se font « les parents de leurs parents » au motif que ceux-ci vieillissent et deviennent vulnérables. Cela lui rappelle une scène qui l'a choquée il y a quelques mois, dans un magasin. Une jeune mère disait le plus sérieusement du monde à sa fille de 6 ans qui refusait d'essayer un vêtement : « T'es chiante, c'est quand même moi qui t'ai mise au monde, t'es pas reconnaissante ! Tu as intérêt à t'occuper de moi quand je serai vieille. »

Ils ont une attitude très infantile...
ils n'ont rien prévu, rien organisé.

Élégante et soucieuse du détail vestimentaire, Marie est une belle femme brune au regard électrique. Elle me parle droit dans les yeux et sa prononciation est incisive. Lorsque j'évoque la vulnérabilité des parents âgés, elle m'interrompt. Elle estime avoir fait le « chemin à l'envers ». Son père a été dépressif, et sa mère alcoolique pendant quinze ans alors qu'elle n'était qu'une enfant. « Jusqu'à ce qu'ils aillent mieux, ce sont mes grands-parents qui nous ont élevés, mon frère, ma sœur et moi. » À 45 ans, elle est divorcée depuis dix ans et élève seule ses quatre enfants, dont l'aîné a 18 ans. Ses parents sont âgés de 72 et 75 ans. Après avoir réussi à surmonter leurs propres difficultés, ils lui ont été d'un vrai soutien quand elle a divorcé, mais aussi dans tous ses projets professionnels. Quant aux petits-enfants, ils les voient régulièrement et s'en occupent à merveille. Ils habitent maintenant à trois cents mètres les uns des autres dans le centre de Nantes. « C'est l'expression géographique d'une notion très présente dans notre famille, celle de clan. » Mais aujourd'hui, Marie ne souhaite plus une telle proximité. « Je veux pouvoir grandir, il faut que je me prenne en charge sans les éternels "mais ne t'inquiète pas ma chérie, on est là !" » Elle le leur a dit et cela les a blessés. Ils ont peur de ne plus être utiles. Si elle a « un peu coupé les liens », c'est aussi parce que étant l'aînée, elle craint d'être seule à gérer les problèmes liés à leur vieillesse. Elle sait qu'elle va devoir parler de tout ça avec eux, tôt ou tard. Mais, me dit-elle, « si on ne le fait pas maintenant, c'est parce que chacun va devoir définir son rôle et ça va nous priver de notre liberté ». Par exemple, elle aimerait pouvoir s'installer à l'étranger sans que cela soit associé à la question de savoir ce qu'elle fera de ses parents. « C'est important pour moi de pouvoir partir et refaire ma vie, mais en même temps, mon devoir est de rester en France pour veiller sur mes parents qui vont en avoir de plus en plus besoin. » Alors, même si cela « fout sa vie en l'air », elle s'occupera d'eux. « C'est comme ça. » Elle espère seulement trouver d'ici là une épaule solide, un homme qui l'aimera et lui donnera cette force, car elle appréhende de se retrouver seule face à la vulnérabilité de ses parents. Je demande à Marie comment elle comprend cette peur, et c'est une voix comprimée qui me répond : « Parce qu'ils ne seront plus là pour me protéger, et quand même, les parents, c'est fait pour ça. Je n'ai pas envie de les voir devenir des enfants en vieillissant, c'est atroce. » Elle sèche ses larmes et poursuit : « J'ai peur qu'ils pèsent sur moi, aussi parce que je sens qu'ils ne veulent pas parler de tout ça. Ils ont une attitude très infantile par rapport à leur vieillesse, ils n'ont rien prévu, rien organisé. » Marie pense à ses enfants. Elle va bientôt souscrire une « assurance dépendance » pour être certaine de ne jamais être pour eux un poids financier. Justement, qu'attendrait-elle de ses enfants si elle devait atteindre le grand âge ? « Absolument rien. » Marie me raconte ce jour où, passant devant une maison de retraite avec son fils de 14 ans, et voyant des personnes âgées se déplacer difficilement dans le jardin, elle n'a pas pu s'empêcher de dire : « C'est glauque ! » Elle m'avoue, même si cela commence à s'estomper, avoir toujours ressenti une sorte de dégoût pour la vieillesse et ses symptômes : l'œil vitreux, la peau où le sang ne passe plus, etc. Entendant cela, son fils lui a répondu : « Ne t'inquiète pas, maman, je serai toujours là pour toi. » Marie a trouvé ça « très mignon et plein d'espoir », mais elle lui a rétorqué « non, surtout pas ! » Ce qu'elle aimerait, c'est pouvoir vieillir avec ses amis. Elle voudrait que les affinités qu'elle a avec certaines personnes puissent créer le lieu où elle vieillira, et non le contraire. Et si, en plus, ses enfants lui donnent des nouvelles et viennent la voir de temps en temps, elle en serait comblée.

S'il s'agit de s'occuper intimement de mon père ou de ma mère, je ne pense pas en être capable.

Guy a le regard vif, le verbe facile. Ancien directeur juridique, il fait partie de ces cadres qui, lassés des logiques financières des grandes entreprises, veulent donner un peu de sens à leur vie. À 43 ans, il a démissionné, et accepté de diviser son salaire par deux, pour rejoindre une structure à vocation sociale.

Marié et père de trois enfants, Guy a quatre frères et sœurs. Son père, âgé de 76 ans, a eu un accident cérébral il y a trois ans qui l'a rendu à moitié hémiplégique. « Aujourd'hui, si ma mère n'était pas là, ce serait la catastrophe. »

Je demande à Guy si cette situation a généré des échanges entre frères et sœurs, pour savoir comment ils s'organiseraient si leur mère – la vieillesse aidant – n'était plus en mesure de s'en occuper dans les prochaines années. « Non, nous n'avons pas évoqué le sujet. » En y réfléchissant, il s'en étonne même et cherche à comprendre. « On aurait pu en parler, mais ça ne s'est pas fait. Peut-être parce que nos parents n'ont jamais abordé le problème non plus. »

Guy s'aperçoit qu'il a sa propre idée de la manière dont les choses devraient se passer. Pour lui, le fait d'être un garçon ou une fille, de se situer en tête ou en queue de fratrie, détermine la personne qui s'occupera des parents s'ils devenaient dépendants. « Il est évident que ma sœur aînée prendra en charge mon père ou ma mère : elle habite une grande maison avec jardin, ses enfants sont grands, et surtout, elle a une complicité avec ma mère. »

D'ailleurs, sa femme, qui est la sœur aînée dans sa propre famille, se projette bien comme celle qui prendra soin de ses parents. « C'est la raison pour laquelle nous avons créé une pièce de plain-pied dans notre maison, pour pouvoir accueillir, au besoin, l'un ou l'autre. »

Je lui demande alors ce qu'il se passerait si sa sœur aînée, accueillant effectivement chez elle l'un ou l'autre de ses parents, devait s'absenter pour quinze jours ou un mois. Se sentirait-il capable de prendre la relève pour s'occuper de ses parents ? « Je pense pouvoir gérer les choses sur une courte période. » Guy hésite, puis reprend : « Mais s'il s'agit de s'occuper intimement de mon père ou de ma mère, je ne pense pas en être capable. Il y a des barrières d'intimité que je ne me vois pas franchir, comme les changer ou les laver. » Il pense que cela est dû à l'éducation qu'il a reçue, « plus basée sur l'intellectuel que sur l'affectif ou le sensitif ».

Guy prend conscience qu'il est sans doute temps d'évoquer toutes ces questions en famille. « On pense que d'en parler avec nos parents risque de les attrister, de leur faire mal, mais il est vrai que si on y réfléchit à deux fois, il n'y a pas de raison. »

Sauf peut-être ce souvenir qui remonte à ses 20 ans ; lors d'une conversation à table, en famille, il a dit quelque chose comme : « un jour, papa sera vieux, il va arrêter de travailler… » À l'époque, son père était « tout-puissant » et la phrase sous-entendait qu'à un moment il passerait la main. Cela avait jeté un froid terrible.

« La façon dont mes frères et sœurs ont réagi en me lançant des regards noirs, et la grimace mi-figue mi-raisin de mon père, ne me donnent pas forcément envie d'évoquer à nouveau la vieillesse, et encore moins la dépendance. »

La dépendance, ça se prépare...

À 45 ans, François tient « à bout de bras » une librairie en banlieue parisienne. Accoudé au comptoir d'un bistrot, la main sous le menton, le front lourd, toute son allure est soucieuse. Il me confie être autant préoccupé par un probable dépôt de bilan que par ses parents, « même s'ils ne vieillissent pas trop mal dans un village du nord de la France », ou encore par ses deux garçons qui sortent de l'adolescence, et dont il ne sait pas « à quelle sauce ils seront mangés au train où ça va ».

Son père et sa mère sont nés le même jour. Ils ont fêté leurs 75 ans il y a deux semaines.

François est fier d'eux parce qu'ils « ne se plaignent jamais, alors qu'ils sont comme tous ceux de leur âge ». Il me donne sa mère en exemple, qui, chaque matin, « met plus d'une demi-heure à se déplier, mais ne s'en est jamais plainte ». Quand je lui demande ce qu'il en pense, il me répond qu'à ses yeux, « c'est de l'élégance ». François aimerait pouvoir parler avec ses parents de l'éventualité de leur dépendance, parce qu'il en est convaincu, « la dépendance, ça se prépare, tant matériellement que psychologiquement ». Il cherche à savoir ce que chacun d'eux souhaiterait si cela devait arriver. Vivre seul à domicile ? Être accueilli chez un de leurs fils ? Mais François fait face à un blocage. Selon lui, ses parents refusent l'idée même de la vieillesse. Alors la dépendance, c'est simplement inconcevable ! Quand il essaie d'en parler à son frère, celui-ci lève les yeux au ciel et lui répond : « On a le temps de voir venir. »

Il reste pensif. Puis, relevant la tête, les yeux embués, il me dit : « C'est vrai qu'il est difficile pour un enfant d'imaginer ses parents incapables de se débrouiller seuls. Pourtant le moment venu, on sera bien obligé d'en parler. »

Nous évoquons ces parents qui, sans doute pour protéger leurs enfants, évitent de parler d'un avenir qu'ils imaginent sombre. Ou bien, ils éludent la question par une pirouette : « De toute manière, nous ne vieillirons pas vieux ! » François s'interroge : paradoxalement, ne pas en parler, n'est-ce pas déjà commencer à « peser » ?

Je lui demande ce qui peut bien le pousser à vouloir aborder un problème dont aucun de ses proches ne veut entendre parler, un problème qui n'est pas encore d'actualité et ne le sera d'ailleurs peut-être jamais. Il me raconte alors qu'à 20 ans, il a travaillé plusieurs mois comme garçon de salle dans un service de fin de vie d'un hôpital de long séjour. Ce qu'il y a vu, « cette misère, cette solitude », l'a bouleversé. Mais cela lui a aussi permis de découvrir le plaisir d'être physiquement autonome et bien portant, et surtout, d'être conscient que cela ne dure pas. C'est sans doute cette expérience qui le pousse aujourd'hui à vouloir préparer en famille l'avenir de ses parents.

J'espère que cela se passera comme pour le reste de la famille, avec des décès rapides. Sinon, la maison de retraite s'imposera.

« Prendrez-vous une tasse de thé vert ? » La voix d'Isabelle est douce et sa gestuelle bienveillante. Ostéopathe à Lille, elle me reçoit en fin de journée dans son cabinet où règne une atmosphère particulièrement apaisante. Elle n'y travaille qu'à mi-temps pour pouvoir s'occuper davantage de ses enfants. Sans doute parce qu'elle-même n'a pas gardé un bon souvenir de sa propre enfance, flanquée d'une mère « absente et irresponsable ». Dans sa vie, tout a basculé lorsque ses parents ont divorcé. Confiés à leur mère qui n'a pas su, ou voulu, assumer son rôle, les enfants ont été vite livrés à eux-mêmes ; des enfants avec lesquels elle n'est d'ailleurs jamais entrée en relation affective. « Je n'ai pas eu un seul câlin avec elle. Aucun moment de tendresse. Elle a même été plutôt brutale quand j'essayais de partager mon intimité de jeune fille adolescente. »

Dans son nouvel appartement, avec ses quatre enfants, la mère d'Isabelle vivait comme dans un hôtel. Elle s'occupait de moins en moins du foyer et rentrait de plus en plus tard le soir, quand elle ne s'absentait pas plusieurs jours sans prévenir. « Souvent, après une activité scolaire, on l'attendait des heures sur la route, elle nous oubliait. La seule chose que nous savions d'elle, c'était qu'elle travaillait dans une association de lutte contre la toxicomanie. »

Et comme, de plus en plus fréquemment, « le frigo était vide », Isabelle a fini par alerter son père qui ne s'était pas manifesté depuis le divorce. « Il a décidé de me verser directement une partie de la pension pour que je prenne en charge la nourriture. » Elle avait alors 15 ans et son plus jeune frère tout juste l'âge de raison. Chaque soir après l'école, elle préparait le dîner, et le week-end, elle faisait les courses et le ménage. « J'ai évidemment redoublé cette année-là. » Puis ce fut le jour de l'expulsion. « Ça nous est tombé dessus, d'un seul coup, il a fallu partir et tout laisser en plan. » Recueillis en catastrophe par « ce père » qu'ils connaissaient à peine, les enfants n'ont plus eu le moindre signe de vie de leur mère. Un an plus tard, ils apprenaient par leur grand-mère qu'elle était devenue quasiment SDF, vivant dans sa voiture ou squattant chez des amis. « J'étais anéantie et lui en voulais à mort. Pourquoi s'était-elle ainsi désintéressée de nous ? Qu'avait-elle fait de l'argent qu'elle gagnait et de la pension que mon père lui versait ? »

Le bac en poche, et décidée à tourner définitivement la page de ces questions sans réponses, Isabelle est partie vivre avec son petit ami. Elle s'est débrouillée comme elle a pu pour payer ses études, cumulant les emprunts et les petits boulots. Mais, lorsqu'elle est tombée enceinte de sa première fille, à 30 ans, elle a ressenti un besoin irrépressible de revoir sa mère. Il lui fallait comprendre. Comme son père était propriétaire d'un appartement à Nice, il a bien voulu le lui prêter pour qu'elle puisse l'inviter à passer une semaine de vacances avec elle. Sa mère a accepté. « C'était l'occasion rêvée pour crever l'abcès et renouer. » Malheureusement, « elle n'a su me parler que de la pluie et du beau temps ! » C'en était trop pour Isabelle qui ne pouvait plus supporter cette situation de non-dits. Que s'était-il passé ? Pourquoi sa mère avait-elle été aussi irresponsable ? « Alors ça a éclaté, je lui ai balancé ses quatre vérités, mais elle n'a pas réagi. » Elle s'est murée dans le silence en pleurant. Ce jour-là, Isabelle a perçu sa mère « comme un animal meurtri pour lequel on n'éprouve aucune tendresse particulière mais qu'il faut aider ». Alors c'est ce qu'elle a fait. Elle lui a déniché un studio dont elle a payé les premiers loyers avec sa sœur, jusqu'à ce que sa mère retrouve un emploi. Aujourd'hui, elle est âgée de 63 ans et travaille comme secrétaire dans une association. Isabelle a essayé, en vain, de lui parler de sa retraite qui arrive à grands pas, « parce que financièrement, elle ne pourra plus se loger ». C'est une question qu'elle trouve légitime de lui poser « parce que tout ce qu'elle peut anticiper, c'est une chose de moins à faire pour ses enfants ». « Malheureusement, elle en est incapable ! », déplore sa fille. Consciente de l'obligation légale qui incombe aux enfants de subvenir aux besoins d'un parent nécessiteux, elle peste contre cette mère qui « n'a rien mis de côté et continue de vivre au jour le jour, bloquée dans son idéal de 68 » et qui, en plus, a « claqué » tout l'héritage de sa grand-mère dans des voyages alors qu'elle était déjà endettée jusqu'au cou. Bien sûr, Isabelle trouve anormal d'avoir à se soucier à ce point financièrement de sa mère, qui, elle, n'a jamais été d'une aide affective ou matérielle pour ses enfants. « Ça ne me fait pas plaisir, mais c'est inévitable, parce que la famille, c'est viscéral, et quoi qu'on fasse, il y a des liens qu'on ne peut pas couper », lâche-t-elle. Heureusement, comme son père ne conçoit pas que son ex-femme soit un jour à la charge de l'un de ses enfants, il a mis en dotation l'appartement de Nice, « comme une bouée de secours », pour qu'ils puissent y loger leur mère « au cas où ». « C'est une chance », me dit Isabelle, car personne n'imagine l'accueillir un jour sous son toit. « À partir du moment où elle est hébergée, elle ne fait plus rien, elle se laisse bercer doucement. » Quand j'évoque le grand âge et l'éventuelle dépendance de sa mère, Isabelle secoue la tête. Elle espère que cela se passera comme pour le reste de la famille, « avec des décès rapides ». Sinon, la maison de retraite s'imposera. Et pour ce qui concerne son père, qu'elle voit à déjeuner une fois par an, elle ne s'en fait pas du tout.

« Comme il a toujours été absent, il met un point d'honneur à ne pas être une charge pour nous. Il trouvera une jeune infirmière qui s'occupera de lui et tout ira bien. Il est très prévoyant. »

Garder ses parents chez soi, c'est respecter le plus longtemps possible ce que nous sommes et ce qui nous attache.

Anne-Marie travaille dans l'édition. À 39 ans, elle est mère de trois enfants et s'entend « à merveille » avec ses parents – jeunes retraités – et ses deux sœurs. « Pour nous, l'amour dans une famille, c'est quelque chose de gratuit, ce sont des gens qui sont là, avec qui tu t'entends bien, mais dont tu n'attends rien particulièrement... » Ses parents vivent à quatre-vingts kilomètres de chez elle, mais elle les voit au moins deux fois par mois et les appelle souvent. « Sinon, ils me manquent. » Elle se sent toujours comme leur enfant.

En tant que mère, elle est heureuse de la relation qu'ils ont su créer avec ses propres enfants. « Quand ils s'en occupent, ils le font vraiment bien parce qu'ils font des choses spécialement pour eux, en les emmenant au cirque par exemple, mais aussi des choses dont ils ont envie pour eux-mêmes et auxquelles ils associent mes enfants, comme voyager ou visiter des musées. »

Même si elle ne les perçoit pas du tout comme des gens « vieux » puisqu'ils sont encore « très actifs » à 65 et 66 ans, elle apprécie la manière dont ils ont pris leur place de grands-parents, « tout en restant des parents pour moi ». Elle en profite d'ailleurs pour me dire qu'elle trouve « assez ridicules » ces grands-mères qui suggèrent à leurs petits-enfants de les appeler par tel ou tel petit nom « qui ne signifie surtout pas grand-mère parce que ça leur fait mal de passer au statut de grand-mère ». Or, dit-elle, « c'est important de nommer le lien, comme d'assumer sa place dans la société ».

Anne-Marie ne s'est jamais interrogée sur la vieillesse et l'éventuelle dépendance de ses parents. « Je ne peux pas me poser la question alors qu'eux-mêmes ne se la posent pas pour mes grands-parents, qui sont encore autonomes à près de 90 ans. »

Toutefois, si un jour ils devenaient dépendants, elle se réunirait sûrement avec ses sœurs pour en parler. « Il faudrait tout inventer, car on n'y a pas du tout pensé. » En ce qui la concerne, elle n'envisage certainement pas de les « abandonner » dans une maison de retraite. Elle se débrouillerait pour les prendre chez elle. D'ailleurs, si elle ne le faisait pas, elle aurait le sentiment de trahir une partie d'elle-même. « Garder ses parents chez soi, veiller sur eux, c'est respecter le plus longtemps possible ce que nous sommes et ce qui nous attache. » Le seul obstacle pourrait être le manque de place puisque avec ses trois enfants et son mari, elle vit pour le moment dans un petit quatre pièces. « Heureusement, vingt ou trente ans peuvent passer avant qu'ils ne puissent plus vivre seuls. Avec mon mari, nous avons bien le temps de nous installer à la campagne, quand nos enfants seront grands, et de nous préparer à les accueillir. »

Ce n'est pas à elle de décider ce que je ressens comme étant une charge ou non.

Martin est un diplomate belge de 40 ans à l'allure quelque peu excentrique. Costume rayé, cravate à pois de couleurs vives sur une chemise à carreaux. Longiligne et haut en taille, il m'accueille chez lui avec la distinction d'un lord anglais. Après quelques échanges, la confiance s'installe, la veste et la cravate tombent... Martin a travaillé dix ans à New York, puis est revenu vivre à Bruxelles avec sa femme, et sa fille de 2 ans, qu'il préférait voir grandir en Europe. « Cela fait bizarre, après tant d'années, de se retrouver à quelques kilomètres de chez ses parents. » Il me raconte qu'il a été élevé par son père qui tenait un hôtel-restaurant près de la frontière française. Ses parents ont divorcé quand il avait 8 ans. Persuadé que sa mère était fautive, il n'a plus voulu la voir pendant de longues années, jusqu'à son départ pour les États-Unis. Depuis son retour, il a renoué avec elle, mais c'est maintenant son père qui le préoccupe beaucoup. Il est même assez remonté contre cet homme de 70 ans qui semble avoir définitivement baissé les bras. « Il a abandonné la nécessité de célébrer la vie. Il vit comme un vieux de 85 ans. C'est une carcasse, il regarde la télé toute la journée, il bouffe, il dort. Au fond, il a choisi la mort avant l'heure, il est en train de vivre sa mort, et ça m'horripile ! »

Il me décrit un père travailleur et généreux avec ses enfants « même s'il n'a su montrer son affection qu'à travers l'argent et les cadeaux ». Un homme qui n'a juré toute sa vie que par le travail et l'argent, et qui se retrouve aujourd'hui privé de l'un comme de l'autre, après avoir « très mal cédé son affaire ». Martin voit d'ailleurs cela comme une chance accordée à son père pour qu'il se remette en question et donne un peu plus de profondeur à sa vie. « Il n'a plus d'autres choix maintenant que de donner de lui, de sa personne, de sa présence. Mais, il n'y arrive pas ! Il parle toujours des mêmes choses superficielles. Il n'a rien à me dire. Affectivement, entre nous, c'est plat et vide. » Martin n'arrive pas à comprendre que son père n'ait pas réussi à « développer un minimum de sagesse » à son âge. Il l'aurait rêvé soucieux de transmettre son expérience ou bien seulement capable d'exprimer ses doutes et ses peurs. Aussi, quand il tente d'engager avec lui une conversation sur le terrain du ressenti et des émotions, à chaque fois, il fait face à un mur.

Martin donne régulièrement un peu d'argent à son père « pour finir le mois ». « C'est un panier percé », lâche-t-il. Il s'oblige même à ne lui faire aucune remarque parce qu'il ne veut « surtout pas devenir le père de son père ». Il considère en effet qu'il n'a pas à le responsabiliser en lui expliquant que s'il n'a plus les moyens financiers de vivre comme avant, il doit faire comme tout le monde, en s'adaptant. « Ça c'est ce que normalement un père explique à son fils. » Du coup, il lui remet la somme demandée et souffre en silence de voir son père se comporter comme un adolescent.

En l'imaginant physiquement dépendant, il se rassure en se disant qu'il vit aujourd'hui avec une femme plus jeune et plus active. « Elle saura bien s'occuper de lui. » Et si ce n'était pas le cas, il essaierait de lui trouver un bon établissement. Mais déjà, il redoute le peu de choses qu'ils auront à se dire quand il lui rendra visite.

Avec sa mère, ce sera certainement différent, et sans doute plus facile. Il envisage même de l'accueillir chez lui. « Elle vit dans l'introspection, elle se remet en question, elle fait du tai-chi, et elle a préparé sa vieillesse en épargnant. » En plus, ils ont déjà échangé sur ce qu'elle souhaitait pour ses dernières années de vie. Martin a été touché quand elle lui a dit qu'elle ne voulait surtout pas être une charge pour lui, même si « ce n'est pas à elle de décider ce que je ressens comme étant une charge ou non ». Au contraire, comme ils ont été en froid pendant de nombreuses années, il a envie de rattraper le temps perdu. C'est pourquoi il lui a demandé de veiller à ne pas mettre trop de distance entre eux. « Si elle décidait d'habiter loin de chez moi, je la verrais moins, alors que nous avons encore beaucoup à nous donner et à nous apprendre réciproquement. Ce serait un beau cadeau pour ma fille aussi. »

Nous sommes tous conscients que le jour
où l'on se décidera à la placer,
ce sera comme signer son arrêt de mort.

Vigneron en Bourgogne, Paul est un bon vivant. « Pas question de démarrer l'interview sans passer par la cave pour y goûter quelques perles ! », m'assène-t-il sur le pas de la porte, avant d'ajouter : « Surtout, après on parle plus facilement, hein ? » Marié et père de trois enfants, Paul a 39 ans. Sa mère est morte d'un cancer généralisé il y a quinze ans. Son plus jeune frère était alors âgé de 4 ans. C'est son père qui l'a élevé, seul. Haut fonctionnaire, il a aujourd'hui 67 ans et partira à la retraite dans un an.

Paul est très attaché à la notion de famille : « Ce sont des racines, une histoire, une géographie, avec des liens affectifs forts entre les personnes. »

Il est convaincu qu'une des réponses à la problématique du grand âge passe par la préservation du lien intergénérationnel. Or, pour faire vivre ce lien, me dit-il, « il faut un lieu, un univers familial ». C'est la raison pour laquelle il est attentif au choix de vie que son père est en train de faire pour ses vieux jours. Il ne voudrait surtout pas que, dans un arbitrage, la maison de famille, où plusieurs générations ont vécu, soit sacrifiée. « C'est cette maison qui donne la possibilité à toute la famille de se réunir, c'est elle qui fait le lien. » D'ailleurs, poursuit-il, « on ne va certainement pas voir ses aînés de la même façon dans une maison de retraite que dans une maison de famille ».

Paul pense que le lien intergénérationnel sera de plus en plus difficile à construire puisque les familles disposent de moins en moins de lieux de vie où les générations peuvent se retrouver et vivre ensemble. Mais, compte tenu du problème du logement en France, de la possibilité croissante de travailler à distance et de la rapidité des transports, il s'interroge : « Plutôt que de les mettre dans des établissements qui les déracinent, pourquoi ne pas aller vivre avec nos vieux de manière à récréer de la vie familiale ? » Après un silence, et une gorgée supplémentaire, Paul précise son propos. Que les choses soient claires, lui ne revivra jamais avec son père. « Si on part à 18 ans, ce n'est pas pour revenir ! » En revanche, il estime qu'il devrait être plus facile d'aller vivre chez ses grands-parents, « avec qui on n'a pas eu les mêmes relations conflictuelles », qu'avec ses parents.

Il préconise donc de valoriser la relation avec « un saut de génération », puisque l'on vit de plus en plus longtemps en bonne santé. Selon lui, ce seront surtout les petits-enfants qui seront en mesure d'apporter des réponses positives à la vieillesse de l'actuelle génération des 60-70 ans. « Tandis que nous nous poserons les problèmes financiers. »

À 88 ans, la grand-mère maternelle de Paul est atteinte de la maladie d'Alzheimer à un stade avancé. Il y a trois ans, elle est retournée vivre dans sa maison du Beaujolais où elle avait vécu une grande partie de sa vie après avoir été « installée » à Lyon par ses enfants qui estimaient que c'était mieux pour elle d'être en ville, à proximité de certains d'entre eux et non pas seule dans une grande maison l'hiver. Mais c'était sans compter avec ce qu'elle désirait profondément. « Nous n'avions pas pris la bonne décision. C'est quand elle a montré les premiers signes d'Alzheimer que nous avons décidé de la ramener dans sa maison, et petit à petit l'aide à domicile s'est organisée. » Aujourd'hui, cette aide extérieure est apportée vingt-quatre heures sur vingt-quatre, cinq jours par semaine. Elle est financée par la vente de l'appartement de Lyon et par la pension de réversion du grand-père. Tout est mis en œuvre, jusqu'à l'opération de ses hanches, malgré son âge et la maladie, pour la maintenir dans sa maison. « C'est la volonté de la famille », me dit Paul. Tous en sont convaincus : si elle est encore en vie, c'est parce qu'elle se trouve dans son environnement avec ses enfants qui passent la voir chaque mercredi et chaque week-end. Les petits-enfants, et arrière-petits-enfants, eux, viennent pendant les vacances scolaires.

Mais aujourd'hui, la maladie est tellement présente que la famille se pose sérieusement la question d'un placement en établissement. « Parce que pour elle, ça devient la même chose de dire bonjour à une dame de compagnie qu'à ses enfants. » Cette décision est toutefois bien difficile à prendre. « Nous sommes tous conscients que le jour où l'on se décidera à la placer, ce sera comme signer son arrêt de mort. »

Quand on devient dépendant,
on ne devient pas des cailloux pour autant,
la vie n'est pas finie.

« Dimanche, 7 h 30, ici. » C'est ainsi qu'Henri, 35 ans, me donne rendez-vous depuis sa caisse enregistreuse. Il tient un bar-tabac à Massy, avec sa compagne. Au petit matin, à l'heure dite, je frappe au rideau métallique, une fois, puis deux. Le mécanisme automatique s'enclenche et le rideau se lève. « Entrez ! » L'homme est en tee-shirt blanc. Flirtant facilement avec les deux mètres, le cheveu court et le bouc au menton, il me serre énergiquement la main. Il a préparé du café et des croissants sur une table, près de la fenêtre. Une gentille attention pour l'inconnu que je suis. Il me dit avoir accepté cette interview par curiosité, mais qu'il n'a qu'une heure devant lui. « J'ai promis à ma copine que je lui apporterais un petit déj' au lit à 9 heures avant de partir voir mes parents. » Au moment où nous nous installons, un vieil homme toque avec sa canne à la fenêtre et fait un signe de la main. Premier sourire d'Henri qui lui répond chaleureusement « Salut Luc ! ». Il éprouve de la tendresse pour ce vieux monsieur au regard rieur. « C'est sans doute mon client le plus âgé, il a 85 ans, mais s'il y en a un qui met de la vie dans mon bar, c'est bien lui ! Il a toujours une anecdote marrante à raconter ou un truc à t'apprendre... Franchement, il est moins vieux que beaucoup de mecs de 50 piges ! » Les parents d'Henri sont à la retraite depuis trois ans. Eux aussi étaient cafetiers. Son père a travaillé toute sa vie sans relâche. « Avec lui, il n'y avait pas de place pour autre chose que le travail. Même le dimanche après-midi, après le déjeuner, nous classions les jeux de grattage de la semaine. » Quand Henri rentrait de l'école, les devoirs pouvaient attendre, il préférait largement donner un coup de main à son père, que celui-ci ne refusait pas. Le bistrot, « c'était une extension de notre appartement puisque nous vivions juste au-dessus ». Le tout formait « un lieu de vie dont une partie était ouverte sur le monde ». Avec des parents extrêmement présents, « mais pas étouffants », et une sœur aînée, il a eu le sentiment de grandir dans un « cocon », en sécurité. « J'ai adoré mon enfance, je me sentais bien et protégé. » Pourtant, en famille, ils échangeaient très peu entre eux. « Chez nous, on ne faisait pas de cinéma, il n'y avait pas de conversation qui s'éternisait, pas de mots tendres ou de chichis. Le travail passait avant tout. Mais si je tombais malade, je devenais une priorité, et ma mère s'occupait très bien de moi. »

Henri a décidé d'acheter « son affaire » puisque son père a vendu la sienne, dans laquelle il travaillait à plein temps depuis qu'il avait raté son bac. Aujourd'hui, avec sa compagne, il s'y sent « comme à la maison » : il habite au premier étage et son appartement donne directement dans le bistrot par un escalier de service. Conscient de dupliquer le modèle de vie parental, il assume pleinement. « Pourquoi changer quand on sait comment être heureux ? » Bien qu'il les voie régulièrement, Henri me dit que ses parents lui manquent souvent et qu'il a toujours la sensation d'être « leur gamin », surtout vis-à-vis de son père dont le « physique colossal » continue de l'impressionner. C'est sans doute pour cela qu'il a du mal à s'imaginer qu'ils puissent un jour devenir invalides ou dépendants de lui. Mais cette hypothèse ne lui fait pas peur. « Quand on devient dépendant, on ne devient pas des cailloux pour autant, la vie n'est pas finie. » Pour Henri, tant que nos parents sont en vie, et même s'ils sont physiquement diminués, « on a encore le choix de voir les choses du bon côté ». Ce qu'il redoute au plus profond, c'est de les perdre. Rien que d'y penser, cela lui donne le vertige. « Ils sont ma raison de vivre. » Bien sûr, s'il avait un enfant, ce serait peut-être différent, concède-t-il. « Mais quand on réfléchit bien, des raisons de vivre, il n'y en a pas tant que ça. À part la famille et le boulot, quoi d'autre ? »

Si ses parents ne pouvaient plus s'assumer, il les prendrait chez lui « à condition d'avoir assez de place évidemment, et jusqu'à ce que ce ne soit plus possible ». Il pense à sa grand-mère, dont son père s'est beaucoup occupé jusqu'au jour où il a fallu la confier à un établissement spécialisé parce qu'elle perdait la tête. Cela ne gênerait pas du tout Henri de s'occuper d'eux. « Ils se sont bien occupés de moi ! » Parfois, il lui arrive même de vouloir acheter une grande ferme avec ses parents « pour pouvoir vivre ensemble ». Mais plus tard, quand il aura 50 ou même 60 ans, s'il doit leur venir en aide dans le quotidien, n'a-t-il pas le sentiment que la relation à ses parents pourrait s'inverser ? Qu'il deviendrait, en quelque sorte, le père de son père, le père de sa mère ? « Alors ça, jamais ! Je serai toujours leur môme ! Ce n'est pas parce que je vais m'occuper à leur place des choses physiques, comme les aider à marcher ou à s'habiller, que je vais me mettre à les regarder comme des enfants ! Ils seront toujours mes parents et je les respecterai jusqu'à la fin. »

Après tout ce qu'ils m'ont donné,
ce qui compte pour moi,
c'est de leur apporter de l'amour,
le plus d'amour possible, jusqu'au bout.

À peine garé devant une petite maison au crépi beige, face à l'église, je suis sonné par l'énergie de cette jeune mère de famille de 36 ans qui vient à ma rencontre. « Bonjour ! C'est moi Virginie. Ça va ? Ça n'a pas été trop difficile de trouver ? Pas de chauffards sur la route ? Venez, regardez-moi ce panorama… ça dépayse quand même un peu, hein ? Alors, dites-moi, on en a pour combien de temps ? Parce que mes gamins rentrent de l'école dans deux heures. » Depuis que

Virginie a divorcé, elle vit seule avec ses trois enfants dans un petit village de deux cents habitants perdu dans la Nièvre. Elle a choisi de vivre ici pour « la tranquillité et le très faible montant du loyer ». Chaque jour, un minibus scolaire passe prendre ses enfants dont l'école est à quinze kilomètres. Elle sillonne ensuite la région en voiture pour vendre des produits surgelés aux particuliers, en faisant du porte-à-porte. Cela lui rapporte tout juste le SMIC. « Il n'y a pas que les fins de mois qui sont difficiles, mais tant que les enfants vont bien, tout va bien. » Ses parents habitent à deux heures de route, en Saône-et-Loire. Son père ne travaille plus depuis qu'il a survécu à un cancer de la bouche. Sa mère fait des ménages. Avec son travail de représentante, Virginie m'explique qu'elle côtoie beaucoup de personnes âgées qui vivent seules. « Je reste toujours un bon moment, même si je sais que je ne vendrai rien, car elles ont besoin de parler. Il y a beaucoup de solitude dans les campagnes. » Elle se rappelle cette vieille dame, veuve, dont toute la famille ne se résumait plus qu'à une personne : son fils qui venait d'avoir 60 ans. Depuis la mort du père, il n'appelait plus sa mère que deux fois par an pour prendre de ses nouvelles. En dix ans, il ne lui avait rendu visite qu'une fois. C'était après l'été caniculaire de 2003. Bien sûr, elle avait plusieurs fois pris l'initiative de l'appeler, mais comme elle avait eu le sentiment de le déranger, elle a arrêté. D'un air faussement détaché, elle a dit à Virginie : « Je sais que si je meurs on ne me trouvera pas tout de suite, ce sera peut-être un jour ou un mois après. » Une dure réalité qui explique sans doute aussi que, « dans le village où nous sommes, les habitants n'hésitent plus à aller toquer à la porte d'une maison quand les volets restent fermés trop longtemps ».

Virginie me dit qu'« il n'y a plus de vie ici » depuis qu'il n'y a plus de commerce, « or les personnes âgées, isolées, ne demandent que ça : un petit commerce de proximité ! » Et comme le taxi est « hors de prix » pour aller en ville, elles ont demandé au maire qu'il y ait au moins un minibus qui puisse les y accompagner une fois par semaine. Le maire a accepté. Le mardi, elles peuvent désormais faire leurs courses ou aller voir le médecin. « Mais quand il n'y aura plus de minibus, il n'y aura plus rien pour les petits vieux », déplore Virginie. Ici, les personnes âgées sont délaissées, elles ont peur de finir « cloîtrées », me dit-elle. Leurs enfants ne passent jamais les voir. Ils travaillent ou vivent trop loin. Même l'église est fermée la plupart du temps. « Il doit y avoir une messe tous les deux mois. C'est triste parce que c'est aussi un lieu de rencontre, non ? »

Les parents de Virginie sont inquiets pour elle et ses enfants. Ils lui demandent souvent de venir s'installer plus près de chez eux. « Moi, je ressens le besoin de m'en sortir toute seule. » Quand elle va les voir, « c'est aussi pour les rassurer, pour leur montrer que tout va bien ». Mais à chaque fois ils insistent pour l'aider, malgré leurs faibles ressources. Elle repart donc toujours avec un cageot de légumes, « pour la santé », disent-ils. Et aux enfants qu'ils serrent contre eux au moment du départ, ils font souvent promettre la même chose : « Si vous n'avez plus de quoi manger, vous nous appelez, d'accord ? »

Quand je demande à Virginie si elle a déjà parlé avec ses parents de leur vieillesse, elle répond avec humour, mais sa voix trahit son émotion. « Ah… ils sont très encourageants ! », s'exclame-t-elle, avant d'imiter sa mère sur un ton angoissé et faussement autoritaire : « Si on devient grabataires, tu nous achèves, on ne veut pas finir comme ça, hein ! De toute manière, on ne peut pas se payer une maison de retraite… Et puis on veut se faire cramer, hein ! Tu n'oublies pas ? Tu prends nos cendres et tu les mets sous un rosier ! »

« Ce ne sont pas que des mots », me dit alors Virginie. Ses parents ont déjà payé et organisé leurs obsèques. « Ils ne veulent pas que ça nous coûte un sou, à ma sœur et moi », dit-elle, émue.

Je demande à Virginie ce qu'elle ferait si ses parents devenaient dépendants. La réponse fuse. « Je les prendrai à la maison, pas parce qu'on n'aura pas les moyens de leur payer une maison de retraite, mais parce que les confier à des inconnus, ce n'est pas possible. Après tout ce qu'ils m'ont donné, ce qui compte pour moi, c'est de leur apporter de l'amour, le plus d'amour possible, jusqu'au bout. »

On trouvera une maison commune, on les prendra sous notre toit, on s'en occupera... c'est un juste retour des choses.

En rentrant chez moi le soir, je croise parfois dans mon immeuble un jeune homme au physique solide, qui passe énergiquement l'aspirateur dans la cage d'escalier, sort les poubelles, nettoie la porte vitrée. Il s'appelle Franck, il a 36 ans. Cela fait trois ans qu'il remplace son père, atteint d'une artérite sévère, amputé d'une jambe à l'âge de 65 ans. Il cumule cet emploi avec son métier de technicien spécialisé. Franck me raconte qu'il a toujours vu ses parents travailler le soir ou le week-end, en plus de leur métier. Son père était maçon et sa mère femme de ménage. Pendant des années, ils se retrouvaient tous les deux le soir à la mairie où ils étaient « agents d'entretien ». Il me dit toute la fierté qu'il éprouve pour ses parents courageux et généreux. Ils sont arrivés sans un sou du Portugal et n'ont jamais cessé de travailler. Les vacances ? S'ils en ont pris, « elles se comptent sur les doigts d'une main ».

Il y a quelques années, après un bon repas, ils ont demandé à Franck et à son frère de les accompagner chez le notaire, car ils voulaient leur donner à chacun un peu d'argent « qui vous sera plus utile qu'à nous ». C'était en fait une grosse somme, sans doute toutes leurs économies, me dit-il. Avec son frère, il a ressenti une immense gêne. « Nous leur avons demandé pourquoi ils faisaient ça puisqu'ils n'étaient pas encore morts et qu'ils pouvaient en profiter. » Son père, peu habitué à exprimer ses sentiments, leur a répondu avec ces mots simples : « Vous savez, depuis que vous êtes arrivés dans notre vie, tout ce que nous avons fait, c'est en pensant à vous. » Les deux frères ont essayé en vain de retenir leurs larmes. « Nous savions que c'était vrai. » Après un long silence, le regard de Franck s'assombrit. « Aujourd'hui, leur vie n'est pas très marrante, entre la maladie de mon père et ma mère qui commence à perdre un peu la tête. » L'homme est inquiet pour la santé de ses parents, mais le fait de savoir qu'il devra probablement bientôt s'occuper d'eux ne l'angoisse pas. De ce côté-là, les choses sont tout à fait claires. Il en a déjà parlé avec son frère et sa belle-sœur. « On louera une maison commune, on les prendra sous notre toit, et on s'en occupera. Pas question de les mettre en maison de retraite quand on voit ce qu'il s'y passe. Et puis, c'est un juste retour des choses… » Ont-ils partagé leurs intentions avec leurs parents ? « Tout est dans le sous-entendu, ils ne voudront rien nous imposer, mais mon frère et moi savons très bien qu'ils seront plus heureux d'être avec nous que dans une maison de retraite. » Puis, quand je demande à Franck s'il ne craint pas que cela ne l'empêche de construire sa propre vie de couple ou de famille, il me regarde très étonné par ma question et me lance : « Et alors ? Je les mets dans une maison de retraite pour les remercier de tout l'amour qu'ils m'ont donné ? »

Et sa propre vieillesse, l'a-t-il déjà imaginée ? Franck est catégorique, il souhaite mourir avant d'être « diminué physiquement ». « À quoi bon vieillir ? pour faire quoi ? » me demande-t-il. « Quand je vois mes parents, c'est vraiment triste… heureusement, il y a mes petits-neveux qui les sauvent. C'est toute leur joie. »

Je lui fais alors remarquer qu'il aura peut-être des enfants et des petits-enfants qui feront aussi sa joie quand il sera dans le grand âge, mais son visage se ferme à nouveau. « C'est peut-être égoïste, mais si je dois perdre mon autonomie, si je ne peux plus travailler ou me déplacer, je préfère partir, même si cela doit faire de la peine à mes enfants. J'espère qu'ils seront suffisamment grands pour me comprendre. »

En Chine, c'est naturel que les enfants accueillent leurs parents vieillissants.

Ma mère m'avait parlé de ce pays où n'existent pas encore de maisons de retraite, et où la génération active vit avec ses vieux parents, auxquels elle confie d'ailleurs les plus petits de ses enfants.

La famille forme encore là-bas une cellule, ses membres sont liés de telle sorte qu'il y a une nécessité de porter assistance, de tout faire pour que chacun puisse être bien. C'est ce que me confirme Sun, un homme de 45 ans, d'origine chinoise, mais qui a toujours vécu à l'étranger. Aujourd'hui, il vit à Paris, en concubinage avec un homme, et travaille dans une association culturelle franco-chinoise.

Il y a deux ans, sa mère est morte brutalement d'une crise cardiaque et Sun a ramené son vieux père en France. Cela faisait longtemps qu'il comptait faire venir ses parents à Paris pour pouvoir s'en occuper, car « ils étaient malheureux si loin de nous ». Pour eux, « cette prise en charge semblait naturelle, mais ils ne le disaient pas, car ils ne voulaient pas s'imposer ».

Malheureusement, Sun n'avait pas réussi à s'entendre avec sa sœur, elle aussi installée en France, sur les modalités financières d'un tel projet, leurs parents n'ayant absolument pas les moyens de vivre sur place. Aussi, quand sa mère est morte, il a pris seul l'initiative de faire venir son père, quitte à ce que sa sœur, influencée par son mari, refuse de l'aider à assumer les conséquences financières de cette décision.

Bien qu'ayant grandi sur un « terreau occidental », Sun a été élevé dans la culture chinoise où il est naturel que les enfants prennent en charge leurs parents. Il pense toutefois que son besoin de s'occuper de ses parents vieillissants lui vient autant d'une tradition culturelle que d'un sentiment personnel. « Mes parents m'ont donné une éducation sans rien attendre en retour, je me sens donc redevable. »

Sun me fait alors remarquer que si la tradition chinoise – qui veut que plusieurs générations vivent sous le même toit – est toujours très présente dans les familles, c'est aussi parce qu'il n'y a pas d'autres choix. Or, avec l'urbanisation extrêmement rapide du pays, il y a une prise de conscience qu'il faut suppléer aux moyens traditionnels par des solutions collectives, ce que les pouvoirs publics commencent à mettre en place.

Le père de Sun vit maintenant dans un petit studio du treizième arrondissement de Paris. À 82 ans, il est tout à fait valide, même si des problèmes de santé commencent à apparaître. Il ne voit personne, sauf ses enfants, mais « la solitude n'est pas un problème pour lui », me dit Sun qui essaie toutefois de lui rendre visite chaque jour. « Je suis heureux de pouvoir contribuer à ce que sa fin de vie soit la plus digne possible. » Et il le fait d'autant plus de « bon cœur » que son père « n'est absolument pas intrusif ou pesant » dans sa vie. Cette « nouvelle relation » à son père lui a même permis de créer un lien avec ses origines, son passé. L'an dernier, pour le nouvel an chinois, ils se sont rendus à Taïwan. C'était la première fois qu'il y retournait depuis l'âge de

7 ans. Il a pu rencontrer toute la famille de son père, ses oncles, ses tantes et s'est aperçu que, sans lui, renouer des liens distendus avec la famille n'aurait pas été possible. « Il faut une mémoire pour faire le lien et cela ne pouvait être que lui. »

Depuis quelque temps, Sun s'inquiète de savoir ce qu'il fera quand son père ne sera plus physiquement autonome.

« L'idéal serait de l'avoir avec moi. Mais c'est une solution difficile, à cause du manque de place, et de l'obligation d'aménager ma vie professionnelle et personnelle de manière importante. Si l'état de santé de mon père se dégradait subitement, j'essaierais de m'adapter pour le prendre avec moi, mais ce ne pourrait être qu'une solution de court terme. »

Il évoque le maintien à domicile, mais cela lui semble être une solution fragile, bancale, « où l'on peut tomber sur des personnes qui sont souvent empêchées ». Quant à la maison médicalisée, ce serait une bonne solution dans la mesure où il y a un minimum d'activités sociales que lui-même ne peut pas apporter à son père. Le problème, c'est qu'il n'existe pas d'établissement destiné aux personnes d'origine asiatique ou « communautarisées », me dit Sun. « Or, si je le place dans une maison de retraite telle qu'elles existent, il ne sera vraiment pas à l'aise, et objectivement, la réponse à ses besoins sera beaucoup plus difficile que pour les autres. » Selon lui, il y a donc une vraie nécessité pour la communauté asiatique, comme pour d'autres, de disposer d'un lieu où les aînés pourraient trouver un accueil qui correspondrait à leur culture et à leurs habitudes. Il étudie d'ailleurs la possibilité de mettre en œuvre un tel projet.

Cette inquiétude, Sun ne la partage pas avec son père. C'est à lui que revient la responsabilité de prendre la décision qu'il estimera être la meilleure. « Mon père est dans une position d'enfant où il fait confiance et n'a pas d'exigences. Peut-être qu'il y pense et que ça l'angoisse, mais il ne l'exprime pas. »

En revanche, vis-à-vis de sa propre vieillesse, Sun paraît extrêmement serein. Comme il n'a pas d'enfants, l'essentiel pour lui est de mener à bien ses projets. Quand il aura accompli ce qu'il doit faire, il se mettra alors « en disposition de mourir à tout moment », car, m'assure-t-il, « je n'envisage pas la vieillesse comme un projet ».

En s'occupant de sa mère,
elle peut se regarder dans la glace,
c'est aussi simple que ça.

Amin est un jeune et brillant avocat parisien de 37 ans, d'origine libanaise. Habitué à plaider sur le terrain pénal, il dégage pourtant une grande douceur dans son regard et sa manière de parler. Il est marié et s'occupe autant que possible de ses trois enfants. Sa mère vit seule à Paris depuis le décès de son mari, mais elle retourne régulièrement au Liban voir sa famille et sa mère qui est atteinte de la maladie d'Alzheimer. Quand elle est en France, elle s'occupe de ses petits-enfants une fois par semaine. Amin et sa sœur l'appellent régulièrement, lui proposent des sorties en famille. Ce soir, ils iront tous ensemble voir un film. « Il ne faut pas attendre que ses parents soient impotents ou dépendants pour partager des moments avec eux. »

Récemment, la nourrice qui l'a élevé est morte. Elle était en maison médicalisée et il allait lui rendre visite une fois par mois, avec ses enfants. Il m'explique qu'au fil du temps, le contact s'est amenuisé, presque malgré lui. « Tu es en face de quelqu'un avec qui tu n'as plus beaucoup d'échanges, qui passe beaucoup de temps à se plaindre… et face à cette décrépitude, tu te sens de plus en plus impuissant, même si tu sais que ta présence peut faire un peu de bien pendant un court moment. » Il assure qu'il lui a fallu du courage pour continuer ses visites, car « on a plus envie de voir des choses joyeuses que des gens qui sont au seuil de la mort ». Amin pense même qu'il aurait peut-être mieux valu qu'elle parte plus tôt. « Vieillir pour vieillir, maintenir en vie pour maintenir en vie, quel intérêt ? », demande-t-il. Pourtant, il reconnaît qu'il y a eu quelques beaux moments où elle semblait heureuse. Comme cet après-midi ensoleillé où il la promenait dans le parc qui jouxte l'établissement. Pendant qu'il poussait la chaise roulante, ses enfants ramassaient des fleurs et les offraient à la vieille dame qui riait. Amin a été très ému quand sa fille de 3 ans, qui avait très peur d'elle, « sans doute parce qu'elle avait le visage creusé et les mains noueuses », s'est tout à coup mise à lui embrasser les mains, alors qu'elle refusait jusque-là de s'en approcher.

Au Liban, même si les maisons de retraite existent, il est très mal vu d'y mettre ses parents. « Cela revient à se débarrasser d'eux et à ne plus les honorer. » C'est aussi comme cela qu'Amin voit les choses. Il lui paraît essentiel qu'une personne âgée puisse finir sa vie dans un environnement intime et familial. C'est évidemment ce qu'il espère pouvoir offrir à sa mère, dont il aimerait qu'elle soit à proximité, éventuellement dans le même immeuble, avec quelqu'un pour en prendre soin. Il serait même prêt à l'accueillir sous son toit, bien qu'elle ne soit pas forcément facile à vivre. « Ce n'est pas pour ça que je vais lui fermer ma porte. » Mais encore faudrait-il que sa femme soit d'accord. « La limite, c'est que ça ne doit pas perturber ou menacer mon couple. » Il n'a pas encore parlé de tout cela avec sa mère. Mais parfois, en se référant à son père, celle-ci fait des allusions indirectes du type : « Il vaut mieux partir brutalement que de passer plusieurs longs mois en maison de retraite médicalisée. » Amin la comprend, même s'il sait bien que sa mère n'hésitera pas un instant entre l'accueil chez l'un de ses enfants et un établissement spécialisé. Être accueillie par un de ses enfants lui semblerait d'ailleurs être dans l'ordre des choses, me dit Amin, car elle-même a le sentiment de remplir son obligation filiale. « Quand elle se rend au Liban, c'est pour remplir son devoir de fille, et s'occuper de sa mère qui ne va pas bien. » Elle puise de la satisfaction à passer trois semaines à s'occuper de sa mère, à la changer, à lui préparer des repas, à lui donner de l'amour. « En s'occupant de sa mère comme elle le fait, elle peut se regarder dans la glace, c'est aussi simple que ça. » Je sens qu'empreint d'une culture où l'on est redevable à ses aînés, Amin aussi a la ferme intention de pouvoir toujours « se regarder dans la glace ».

Mes parents me font confiance
pour ce que je ferai pour eux...

Accoudée à un bureau croulant sous des piles de livres, de magazines et de journaux, Fabienne, une journaliste de 38 ans, me dit avoir été marquée de manière très négative par la vieillesse de sa grand-mère. À ma demande, elle cherche dans sa mémoire un souvenir positif, mais sans succès. Elle n'en a pas.

Même avant de vivre en maison de retraite, sa grand-mère ne sortait plus de chez elle et refusait les propositions de sortie. Très bourgeoise et préoccupée par son apparence, elle ne pouvait supporter l'idée qu'on la voie diminuée. Alors pour contourner cette difficulté, Fabienne passait la prendre en voiture pour qu'au moins elle puisse voir le monde extérieur à travers la fenêtre. Une fois placée en maison de retraite, elle ne cessait de dire qu'elle voulait mourir : « elle faisait des cauchemars, perdait la tête, délirait en imaginant qu'on clouait son cercueil... »

Fabienne se souvient particulièrement de ce jour d'hiver où elle est allée lui rendre visite avec son frère, son mari et sa fille de 7 ans. Tout à coup, sa grand-mère, qu'elle avait toujours vue « tirée à quatre épingles », a semblé avoir des visions. « Elle a appelé au secours, s'est levée brusquement de sa chaise, comme paniquée... et sa jupe est tombée sur ses chevilles, elle s'est retrouvée en culotte ! Ça m'a fait bizarre... devant mon frère qui était mort de rire... j'ai essayé de la lui remettre, mais elle avait tellement maigri que plus rien ne tenait... puis elle m'a demandé de l'emmener aux toilettes... ça ne m'était jamais arrivé... Elle en a mis partout ! J'ai dû m'occuper de ça et j'ai détesté. »

Fabienne cherche à relativiser. C'était un moment désagréable, certes, mais ce n'était pas dramatique non plus, et « ça n'a pas pour autant abîmé l'image » qu'elle a gardée de sa grand-mère.

De ses parents, elle se sent très proche. À 68 ans, son père « s'éclate » en travaillant à son compte. En revanche, elle trouve que sa mère se « dégrade rapidement » depuis qu'elle a pris sa retraite : « Elle devient sourde et refuse de porter des prothèses, elle a des problèmes de dents, elle se casse la figure à cause de problèmes de hanches, de genoux… »

Les amies de sa mère pensent qu'elle devrait retourner travailler, s'investir dans des associations, mais Fabienne préférerait qu'elle « se pose », qu'elle soit plus sereine, avec une démarche plus intériorisée, parce qu'elle a « vécu à cent à l'heure, à s'occuper des autres, de nous, de mon père, et jamais d'elle ». Et puis, « elle n'a pas besoin de courir et faire dix mille choses pour exister ! » Je lui demande si elle lui a dit ce qu'elle pensait, mais la réponse est négative. Elle n'a pas encore trouvé le temps, « mais je le ferai », dit-elle.

Fabienne n'a jamais pensé qu'un jour l'un ou l'autre de ses parents pourrait devenir dépendant. Et elle ne sait pas du tout ce qu'elle ferait dans ce cas-là. Le mieux serait de l'accueillir chez elle, mais elle se demande si son mari serait d'accord. Ou alors, elle essaiera de trouver un bon établissement. Heureusement, ses parents ont de l'argent qui pourra servir à cela, me dit-elle. Au moins est-elle sûre d'une chose : ses parents lui font confiance dans ce qu'elle pourra faire pour eux. Ils savent qu'elle sera aussi aidante que possible. D'ailleurs, elle a déjà le sentiment d'aider sa mère – qui a du mal à se baisser – quand elle lui coupe les ongles de pieds, et lui met son vernis. « Et ça me fait plaisir de voir que ma mère a des jolis doigts de pieds, grâce à moi. »

Pour quelles raisons je ne ferai pas
ce qu'ils ont fait pour moi ?

Née en France de parents rwandais, Murielle a grandi avec sa famille en région parisienne jusqu'à l'âge de 15 ans. Lorsque ses parents ont décidé de retourner s'installer au Rwanda en 1991, elle était heureuse de découvrir le pays de ses origines. En 1994, lorsque le génocide a commencé, elle a connu l'exil avec sa famille dans des pays voisins, et dans des conditions très difficiles pendant plusieurs années (ils ont fui au Congo où un autre conflit a éclaté, et ils ont pu être évacués au Gabon grâce à des ressortissants eux-mêmes évacués par l'armée française). Le viol, la mort, elle les a vus de près.

À 20 ans, réfugiée politique, elle est revenue étudier en France et a été naturalisée après bien des difficultés. « Le droit du sol ne fonctionne pas quand on vient du Rwanda ! », déplore-t-elle. Murielle a aujourd'hui 35 ans. Elle est célibataire et travaille depuis plusieurs années comme consultante en risques financiers. Ses parents – encore très jeunes (54 et 58 ans) – vivent maintenant au Gabon. Elle regrette de les voir si rarement, une fois par an tout au plus. Heureusement, comme elle, ses sœurs vivent en France et la fratrie est soudée.

Dans son rapport aux personnes âgées, la jeune femme m'explique qu'elle se sent plutôt en « mode africain » qu'en « mode français ». Le fait de devenir âgé dans les cultures africaines est une source d'estime dans la société, parce que plus on est âgé, plus on grandit en sagesse. Or, il n'y a rien de plus respectable que la sagesse. « En mode africain, j'approche une personne âgée avec respect, estime et déférence », me dit-elle. En France, elle est souvent choquée par la manière dont les gens de son âge parlent des personnes âgées de leur entourage. Il y a toujours une notion de « charge », de « poids », elles sont souvent vues comme « n'étant plus dans le coup » ou même « exaspérantes ». D'ailleurs, elle trouve que cet état d'esprit est tellement répandu ici que les gens sont surpris quand elle se livre à une approche différente. Ainsi, quand elle se lève assez instinctivement pour céder sa place à une personne âgée dans le métro, il lui arrive souvent d'essuyer un refus assorti d'un « je n'en ai pas besoin » qui exprimerait, selon elle, la peur d'être vu comme un « vieux ». « L'image de la vieillesse est tellement négative dans notre pays que les personnes âgées elles-mêmes en viennent à dire “ne me traite pas comme un vieux”. »

Un de ses amis travaille dans une maison de retraite. Elle a été très étonnée d'apprendre qu'il y avait beaucoup de personnes très âgées qui pouvaient être cyniques, agressives et même violentes. « Dans ma culture, c'est très contradictoire d'être aussi âgé et en même temps inconstant, agressif, à moins bien sûr que ce ne soit dû à la maladie. »

Comme elle est issue à la fois des cultures occidentale et africaine, et qu'un jour elle sera confrontée à la question de la vieillesse de ses parents, et peut-être de leur dépendance, Murielle se dit qu'elle va devoir trouver un juste milieu entre ses valeurs culturelles, religieuses et la réalité de la société dans laquelle elle vit. « Dans les pays africains, il n'y a pas de système social. Or, dans une société où il n'y a pas de système social, tout est basé sur la solidarité. Le lien dans les familles est donc aussi une nécessité vis-à-vis de la réalité. On grandit ensemble et avec l'idée que lorsqu'une personne de sa famille est dans le besoin, on a un devoir de soutien. » Murielle s'interroge : « Est-ce que le fait de vivre dans un pays avec une couverture sociale permet plus facilement aux gens de s'affranchir de ce devoir de soutien ? » Elle aide déjà financièrement ses parents. Ils sont à la retraite, mais ils ont perdu quasiment toutes leurs cotisations et leurs économies avec les différentes guerres. Elle sait qu'un jour, son aide devra être plus importante encore et qu'il lui faudra surmonter une vraie difficulté : celle de garder son équilibre dans le pays où elle a choisi de vivre tout en faisant face au devoir qui est le sien. D'elle-même, elle évoque la possibilité de la dépendance de ses parents. Elle sera présente d'une manière ou d'une autre, comme ses sœurs d'ailleurs, car « les situations extrêmes dans lesquelles nous avons parfois vécu ont renforcé les liens qui nous unissent », me dit-elle. « J'ai vu chez mes parents le courage, l'abnégation et le dépassement de soi pour être capables de garder en toutes circonstances un regard rassurant pour leurs enfants dans des situations où tout s'écroule, où il n'y a plus de marge de manœuvre. » Murielle me décrit alors ces scènes terribles où, en famille, ils se barricadaient tandis que la violence frappait partout aveuglément : bombardements, fusillades, meurtres, viols.

Elle en a conservé une intime conviction : « Au fond, quand on est effrayé, le fait de pouvoir plonger son regard dans le regard rassurant d'un parent, c'est à mon avis plus important que d'être secouru. Ce que je veux dire, c'est qu'au-delà des soins médicaux, si on n'est pas présent pour ses enfants ou pour ses parents – ne serait-ce que par le regard – au moment où ils en ont le plus besoin, on rate l'essentiel. »

Mettre ses parents dans une maison de retraite ? C'est vraiment difficile à concevoir. « Mais il y a pire », affirme-t-elle. « Ce qu'un Africain ne pourra jamais comprendre, c'est qu'on puisse ne pas venir chercher les corps de ses parents comme il y a eu beaucoup de cas en France après la canicule de 2003. »

Murielle est persuadée que la vulnérabilité de ses parents, malades ou dépendants, ne pourra jamais la gêner. « L'image qu'on a du parent, c'est une personne solide, rassurante, donc forcément sa vulnérabilité produit un choc. C'est humain. Mais après, on dit qu'ils redeviennent comme des bébés. Et alors ? Moi aussi ils m'ont lavée, changée et guidée quand je savais à peine marcher. Si j'ai l'occasion de faire la même chose pour eux, c'est bien. Après, ce ne sera peut-être pas facile tous les jours. Mais sur le fond, je pense que c'est un juste retour des choses. Pour quelles raisons, d'ailleurs, je ne ferais pas ce qu'ils ont fait pour moi ? »

À cette question, je lui réponds que certains estiment que ce n'est pas aux enfants de s'occuper des parents. Cette remarque fâche la jeune femme. « À partir du moment où j'ai la possibilité financière de l'assumer, pourquoi je ne le ferais pas, moi qui suis leur propre enfant, et donc censée avoir une sensibilité et une tolérance plus grande envers un père ou une mère qu'une tierce personne qui ne les connaît pas et fait son travail, point à la ligne ? Car si en tant qu'enfant je n'arrive pas à avoir cette empathie, cette chaleur humaine, de qui est-ce que je peux bien l'attendre ? Est-ce que je vais encore me plaindre qu'ils soient maltraités dans des établissements, alors que mon indifférence est pire que tout ? »

« Cela dit, mesure-t-elle, il faut aussi interroger les valeurs que transmettent les parents. » Elle se souvient que dans son école de commerce à Paris, elle avait une amie dont les parents étaient très riches, propriétaires de plusieurs immeubles. Ils lui avaient payé ses études, mais ils exigeaient d'elle qu'elle rembourse rapidement. Dès la fin de ses études, « elle devait accepter n'importe quel boulot, et tout de suite », car ses parents lui avaient fait un « prêt à court terme ». Elle en était devenue très angoissée. « Si des parents sont prêts à hypothéquer l'avenir de leurs enfants, alors qu'il n'y a pas de nécessité, ni d'urgence, mais juste par principe, alors comment peuvent-ils attendre d'eux un comportement solidaire au moment où ils en auront besoin ? », s'interroge Murielle.

Lorsque le génocide a éclaté, sa grand-mère était dépendante physiquement. À 80 ans, âge exceptionnel en Afrique, elle ne pouvait plus marcher toute seule.

« On était en train de courir, de traverser des villes, de fuir des combats… mais il n'y avait pas de fauteuil roulant, donc nous la portions sur notre dos. Même après avoir passé la frontière, à Goma dans le nord-est du Congo, il était impensable de la laisser toute seule. Il y avait toujours une oreille près d'elle, jour et nuit. »

Mais, pour les parents, les filles devaient retrouver une scolarité rapidement. Pour Murielle, c'était l'année du bac. Il fallait donc se rendre à Brazzaville, et laisser la grand-mère à Goma. « Nous ne pouvions pas tous prendre l'avion. Il a fallu faire des choix et ce sont les enfants d'abord, parce que ce sont eux qui ont le plus d'avenir. » De toute manière, « ma grand-mère n'aurait pas accepté de nous suivre, car elle venait de quitter son pays natal ». Elle supportait à la rigueur d'être de l'autre côté de la frontière et d'avoir son pays dans son champ visuel, mais elle ne voulait pas aller plus loin. D'ailleurs, quand la question s'est posée, la grand-mère s'est exclamée : « Pour quoi faire ? Je sais très bien que je suis sur la fin, laissez-moi mourir en paix, proche de ma terre et au milieu des miens. » Heureusement, d'autres membres de la famille ont pu rester à Goma et veiller sur elle.

Murielle me raconte comment sa mère s'est retrouvée devant cette douloureuse décision à prendre. Elle savait qu'en emmenant ses filles à Brazzaville, elle ne reverrait plus jamais sa mère. « Je me souviens que pour elle, c'était extrêmement pénible de la laisser. Alors, ma grand-mère lui a dit : "Longtemps je me suis battue pour mes enfants parce que j'en avais la force. Tu as les tiens. Va en paix et bats-toi autant que j'ai pu le faire, du mieux que tu pourras, pour tes enfants. Pars sans regret." » Elle est morte quelques semaines après leur départ.

C'est sans doute cette histoire qui fait dire à Murielle que si l'on doit absolument venir en aide aux personnes âgées dans le besoin, il n'en reste pas moins qu'« on est aussi en droit d'attendre qu'elles sachent fixer elles-mêmes certaines limites, le grand âge apportant la sagesse ».

Si je m'occupe de mes parents,
ce n'est pas parce que la religion le dit,
c'est surtout parce que je les aime.

Ma voisine m'a parlé de Nora, une courageuse jeune femme d'origine marocaine qui, après chaque journée de travail – elle est déléguée médicale pour un laboratoire pharmaceutique –, retourne dans la cité d'une banlieue parisienne où elle a grandi, pour s'occuper de son père, atteint de la maladie d'Alzheimer. Nora est grande et svelte, sa voix est étonnamment grave et posée, elle a 36 ans. Je sens qu'elle a besoin de parler, de partager ce qu'elle vit.

Ses parents sont arrivés du Maroc bien avant sa naissance. Son père a travaillé toute sa vie comme ouvrier chez Citroën. Lorsqu'il est parti à la retraite, du jour au lendemain, il n'a plus rien fait. Il ne voulait plus rien faire. C'est alors que les signes de la maladie sont apparus : il ne prenait plus ses médicaments, se perdait en chemin et, un jour, « nous nous sommes retrouvés avec une convocation au tribunal », me dit Nora. Le loyer n'était plus payé depuis huit mois et il devait plus de 5 000 euros au bailleur. Avec sa mère, elle est allée voir le banquier de son père qui lui a appris que son compte était à découvert, qu'il retirait 200 euros par jour. « Cela a été un choc, nous nous sommes réunis avec mes frères et sœurs, chacun a mis ce qu'il a pu pour tout éponger. » Depuis, c'est Nora qui gère le loyer. Le banquier a été compréhensif grâce au mot du médecin, lequel pousse la jeune femme à faire une demande de tutelle. Mais elle fait un blocage. « Toutes ces démarches administratives, ça m'épuise, et puis j'ai peur que ça me bloque pour plein de choses. Ça veut dire qu'officiellement c'est moi qui suis en charge et ça, ça ne se partage plus. »

En deux ans, son père a perdu beaucoup d'autonomie. « Je le vois maintenant comme je voyais mon grand-père. » Au début, sa mère a pensé qu'il le faisait exprès. Jusqu'au jour où il est revenu du Maroc, après avoir rendu visite à ses frères. Il n'allait plus aux toilettes, il faisait à côté, sur lui. Il n'arrivait plus à prendre sa douche seul. Soit il se brûlait avec l'eau chaude, soit il oubliait de se rincer, soit il tombait en sortant. Nora se rappelle aussi que pendant des semaines, à trois heures du matin, il se levait et se salissait complètement à côté des toilettes. Pendant cette période, elle est restée dormir chez ses parents pour aider sa mère, « parce que mine de rien, ça signifie : douche, nettoyage, changement de draps, machine, etc. Tout ça en pleine nuit. » Quand on est dedans, me dit Nora, c'est normal, on n'a pas le choix, mais quand elle y pense, c'est quand même lourd à gérer. Heureusement, sa mère a décidé de « reprendre les choses en main », en le recadrant en permanence, « comme on éduque un petit enfant ». Depuis, elle n'a pas baissé une seule fois les bras. « Elle le reprend sans arrêt, l'engueule parfois, et le stimule surtout : elle le fait marcher, le pousse à se tenir droit, à s'habiller. » En fait, m'explique Nora, « la politique maison », c'est de l'aider pour ce dont il a vraiment besoin, mais surtout pas d'anticiper une dégradation. Par exemple, un jour, un ami de son père lui a donné une canne, avec laquelle il a pris l'habitude de marcher et de se plaindre de son dos. Mais depuis que sa mère l'a cachée, et lui répète de se tenir droit, il marche très bien sans. Nora me dit qu'elle s'est rendu compte que lorsqu'on donne à une personne âgée, même malade, les moyens de ne pas se laisser aller, elle peut être plus autonome qu'on ne le croit. « À force de lui dire, de répéter, il fait les choses. Maintenant, par exemple, il range bien son manteau quand il rentre, alors qu'il avait arrêté de le faire, il ne sort plus en pyjama et ne réclame plus son petit déjeuner en pleine nuit. » Aussi, quand il a commencé à se salir, sa mère ne lui a pas fait mettre de couches comme le lui conseillait le médecin. « On a eu raison parce qu'à force de le stimuler et de se battre contre la maladie, au bout de quelques semaines, il retournait aux toilettes normalement. »

En revanche, pour la douche, « il n'y avait plus rien à faire ». Et sa mère, trop faible physiquement, ne pouvait pas l'aider. Alors Nora en a parlé à son père. « Je vois bien que tu ne peux plus prendre ta douche tout seul, je vais t'aider, il faut quand même que tu sois propre, tu es d'accord avec moi ? Tu veux sortir et sentir bon ou tu préfères rester sale parce que tu es gêné que ta fille te douche ? Je suis ta fille, c'est normal que j'aie envie que tu sois propre et beau, mais comme tu ne peux plus le faire, je le fais... est-ce que tu es d'accord ? Est-ce que tu acceptes ? » Il l'a écoutée, les yeux baissés, et avec la tête, il a dit oui. « La première fois que je lui ai donné sa douche, mon père était très gêné et moi je sanglotais de tristesse. Puis, j'ai appris à le tourner d'une certaine manière, de dos, par pudeur, et je lui laisse le gant pour ses parties intimes. »

Bien sûr, me dit Nora, « il y a aussi des choses qui lui sont désormais interdites parce qu'elles représentent un danger », comme entrer dans la cuisine pour se faire un café, car il peut le confondre avec le poivre ou s'ébouillanter.

Parmi ses sœurs, elle est la seule à être célibataire. « Je suis la plus flexible », me dit-elle. C'est donc principalement elle qui, pour l'instant, consacre du temps à ses parents, même si tous mettent du leur quand ils le peuvent. Entre frères et sœurs, ils ont parlé et sont tous prêts à s'organiser pour accompagner leur père. « Il est hors de question de le mettre dans une maison de retraite. » Nora sait que si son père part en institution, « il se dégradera en moins de deux secondes », et puis surtout, cela signifierait que d'autres personnes s'occuperaient de lui. Elle grimace à cette idée. Et pose la question : « Pourquoi ne pas le faire, c'est tellement mieux pour lui, alors qu'il suffit d'un peu d'organisation et de volonté ? » Nora est heureuse de savoir que son père est pris en charge, stimulé, soigné et aimé par sa famille. Pour elle, une personne âgée, c'est une personne plus faible qui a besoin d'attention, c'est quelqu'un de touchant à qui il faut savoir continuer de parler franchement, et parfois même « tirer de sa léthargie, voire remonter les bretelles ». Ce que ça lui apporte, c'est de constater que malgré son état, son père reste bien, « avec peut-être même un sentiment de dignité qu'il n'aurait pas si nous n'étions pas avec lui face à sa maladie ».

Nora a conscience que cette maladie finira par être très difficilement gérable. Mais, même dans le pire des cas, il est exclu de le placer en établissement médicalisé. « Il mourra à la maison. C'est culturel, dans la famille, autour de nous, au Maroc, ça s'est toujours passé comme ça. C'est normal. On s'occupe des personnes âgées. Elles vivent parmi nous. Quand le médecin a évoqué le placement, on lui a dit oui, oui… comme ça… mais en fait, c'est impensable. » Dans la religion musulmane, « les parents sont sacrés, il faut s'en occuper ». Mais, si elle le fait, ce n'est pas parce que la religion le dit, c'est surtout parce qu'elle aime ses parents ! « Je ne m'imagine pas vivre heureuse si mes parents ne le sont pas. » Depuis qu'elle fait face à cette épreuve, la mère de Nora s'inquiète pour ses vieux jours. Elle dit à ses enfants qu'elle souhaiterait mourir avant de ne plus être autonome. Non pas parce qu'elle a peur de ne pas être entourée, mais parce qu'elle se rend bien compte de tout le temps et des efforts que cela exige. Elle est angoissée à l'idée d'imposer cela à ses enfants. « C'est son souhait, me dit Nora, mais nous serons toujours là pour elle. » Depuis que son père est malade, elle a évidemment le sentiment d'avoir mis sa vie « entre parenthèses ». Elle voit rarement ses amis et n'a pas de relation amoureuse. « Je ne m'autorise pas de petit ami, parce que je n'ai pas trouvé la personne qui pourrait comprendre mon implication auprès de mes parents… et je n'ai pas l'impression que les jeunes de mon âge comprennent cela. » Elle ne s'en plaint pas. Elle sourit.

Plus un résident est malade,
moins ses proches lui rendent visite.

Alima est sénégalaise. À 35 ans, elle dirige une petite équipe qui s'occupe du bien-être des résidents, tous mentalement dépendants, d'un établissement spécialisé dans l'accueil des personnes atteintes de la maladie d'Alzheimer et de troubles apparentés.

Grande et longiligne, sa beauté est d'autant plus frappante que ses gestes et son regard expriment une douceur assurée à l'égard des résidents. Ici, une dame cherche à se lever, elle va l'aider en lui enveloppant délicatement le bas du dos, là, un monsieur semble égaré, elle lui montre le chemin en proposant sa main et en marchant calmement à ses côtés.

Souriante et agréable, Alima est manifestement heureuse de travailler dans cet établissement, particulièrement humain, après avoir travaillé dix ans dans le service gériatrie d'un grand hôpital parisien. « La différence avec l'hôpital, c'est qu'ici on ne manque pas de personnel... On prend notre temps pour s'occuper des résidents, comme ils veulent et quand ils veulent. À l'hôpital il faut tout faire vite, donc mal. »

Si une chose la contrarie, c'est de constater que plus la maladie d'un résident s'aggrave, moins ses proches lui rendent visite, « sans doute parce qu'ils souffrent trop de le voir se dégrader de plus en plus ».

Elle trouve cela triste parce qu'elle est convaincue que « beaucoup de choses passent par la voix, le regard, le toucher, même si les malades n'en montrent pas les signes ».

Pour Alima, les choses sont très simples : toute personne ayant vécu est éminemment respectable, il faut en prendre soin. Alors avec un parent, la question ne se pose même pas.

Au Sénégal, me dit-elle, les parents âgés sont chez leurs enfants qui s'occupent d'eux du matin au soir jusqu'à leur mort. « Ici, les enfants n'ont pas le temps de s'occuper de leurs parents, parce qu'ils travaillent beaucoup, mais dans mon pays, il y a très peu de travail, donc toujours des enfants pour garder leurs parents. »

À 62 et 67 ans, ses parents vivent en France. Si un jour, l'un ou l'autre devenait dépendant, Alima quitterait certainement son emploi pour les aider. « C'est mon devoir », dit-elle.

Sa mère lui a toujours dit : « Tout ce que tu feras pour moi, Dieu te le rendra. »

J'aimerais m'occuper entièrement de mes parents mais je doute que ce soit possible.

Dans le train qui m'emmène à Marseille, je repense à Nora, Virginie et Alima, rayonnantes de simplicité, d'enthousiasme et de bonté. Il ne me semble pas avoir perçu la moindre angoisse chez elles. C'est sans doute là un bénéfice des vies essentiellement tournées vers les autres. J'ai rendez-vous aujourd'hui avec la directrice d'un logement-foyer pour personnes âgées. Au rez-de-chaussée du bâtiment flotte une odeur de Javel. Une femme s'approche de moi, tout en saluant de la main une vieille dame assise sur une banquette. C'est Brigitte, la directrice de l'établissement.

À 37 ans, la jeune femme est mariée et mère d'un petit garçon de 2 ans dont elle me montre la photo sur son bureau. L'établissement qu'elle gère s'adresse aux personnes âgées autonomes et leur propose des logements et des services de restauration et d'animation. Ce sont généralement des personnes seules qui s'y rendent, soit parce qu'elles ont perdu leur conjoint, soit parce qu'elles s'en séparent, ce qui arrive plus souvent qu'on ne le croit. « Il est parfois difficile, à l'âge de la retraite et de la vieillesse, de se retrouver vingt-quatre heures sur vingt-quatre avec son conjoint, alors que chacun menait sa vie de son côté depuis longtemps. »

Brigitte sait exactement pourquoi son métier touche au grand âge. Elle a connu tous ses grands-parents, arrière-grands-parents et même une trisaïeule. « J'ai été entourée de personnes âgées qui m'ont donné énormément d'amour, et cela va vous paraître bizarre, mais j'ai une vraie tendresse à leur égard. » Elle garde de merveilleux souvenirs de sa relation à ses grands-parents. « Ils n'ont jamais empiété sur le rôle de mes parents, mais ils étaient là en complément. Ils se situaient sur un autre terrain. Ils m'ont appris une foule de choses. » Son plus lointain souvenir remonte à ses 5 ans. Sa trisaïeule était assise dans un fauteuil de la cuisine de sa fille, l'arrière-grand-mère de Brigitte. Habillée d'une robe noire et d'un tablier gris, les cheveux attachés en chignon, elle avait écarté ses genoux pour que son tablier fasse office de table et y avait versé tout un bocal de boutons de chemisier. Debout, face à elle, Brigitte pouvait jouer avec tous ces boutons de toutes les couleurs. « Elle souriait, je sentais qu'elle était heureuse. Moi aussi je l'étais. » Elle avait 99 ans et toute sa tête. Ce n'est pas le cas de sa grand-mère paternelle de 82 ans, atteinte d'Alzheimer, qui est entièrement prise en charge par ses parents depuis quatre ans. Elle est très admirative du courage et de l'abnégation dont ils font preuve, d'autant plus que ce n'est pas la première fois qu'ils s'occupent d'une personne âgée. Auparavant, c'est le grand-père maternel qui a habité chez eux pendant trois ans avant de mourir. Tout cela n'aurait pas été possible si son père n'avait pas demandé à partir en préretraite pour aider sa femme à faire face à cette nouvelle vie contraignante. « Selon mes parents, il faut mettre sa vie personnelle de côté pour placer en exergue le lien familial. » Brigitte trouve que c'est idéal pour ses grands-parents, mais qu'il ne faut pas cacher le fait que c'est aussi un lourd fardeau pour ceux qui s'en occupent : « C'est épuisant physiquement et moralement de s'occuper chaque jour d'une personne vieillissante, surtout avec des handicaps. Il y a beaucoup de contraintes, ils ne peuvent pas sortir quand ils veulent. C'est un peu comme s'occuper d'un enfant en bas âge, mais en pire. » Au bout de quatre ans, elle pense d'ailleurs que ses parents commencent à atteindre les limites de leurs possibilités. Par exemple, il est devenu insupportable à son père de ne plus être reconnu par sa mère. « Cela revient à s'occuper d'un étranger à domicile, et dans ce cas, il faut d'autres motivations que le lien affectif. » Mais la plus grosse limite, c'est sans doute la déchéance physique : sa grand-mère ne marche quasiment plus, et comme ses parents ont la soixantaine passée, ils ont de moins en moins de force pour l'aider. « En plus, ma mère est atteinte d'une maladie évolutive, donc ça devient difficile d'aider à la marche, à la toilette. » Quant à son père, il est hors de question qu'il aide sa propre mère à faire sa toilette. « Physiquement, intimement, c'est pas possible… toucher sa mère nue, c'est pas possible ! » Brigitte le comprend parfaitement. « Le côté nursing est plus naturel chez une femme que chez un homme. Je le vois bien ici dans la relation qu'entretiennent les fils et les filles des résidents. »

Comme elle est quotidiennement au contact de personnes âgées, je lui demande si elle pense qu'il y a un moyen pour elles de rendre leur dépendance plus « légère » pour leur entourage. Elle ne voit pas. « À part essayer de faire en sorte que ce soit une personne extérieure qui prenne la dépendance en charge... Quoi qu'il arrive, elle existe cette dépendance, donc on ne peut pas l'alléger », affirme Brigitte. Elle donne comme exemple sa grand-mère, en dépendance légère. « Elle ne peut pas faire mieux que ce qu'elle fait maintenant. Avant, elle aidait, elle n'était pas un poids. C'était même une joie pour mes parents de l'avoir. » Toutefois, dit-elle, on peut toujours essayer de ne pas aggraver cette dépendance « en évitant le côté agressif ou acariâtre ». Hors les cas de maladie dégénérative, les familles peuvent donc travailler avec la personne âgée sur son exigence, sa colère, son agressivité, ses angoisses... Mais, ce n'est pas ce qui se passe dans la réalité. « Elles prennent des cachets pour dormir, contre l'anxiété. Beaucoup préfèrent les médicaments au travail sur elles-mêmes. C'est plus facile. » L'explication serait qu'en vieillissant, on aurait moins de raisons de voir les choses de façon positive. « Objectivement, une personne âgée est plus fatiguée, elle arrive à faire moins de choses, son corps ne suit plus, ça c'est concret, or le problème, c'est que la recherche du bonheur, c'est à tout âge. »

Brigitte aimerait pouvoir un jour s'occuper « entièrement » de ses parents comme eux le font avec les leurs, mais elle doute que ce soit possible, car le contexte économique et social n'est plus le même. Sa difficulté serait de parvenir à concilier vie professionnelle et vie familiale. Or, même dans vingt ans, me dit-elle, ce ne sera probablement pas possible. « Il faut un confort minimum et, surtout, de l'espace. Avant les femmes ne travaillaient pas, elles étaient au foyer, elles pouvaient s'occuper de quelqu'un, mais maintenant dans un couple, les deux doivent travailler pour faire vivre la famille. »

Les solutions existent,
pourquoi s'en priver ?

Pierre a 40 ans, mais il en fait dix de moins. Un peu comme les personnes de 50 ans en font maintenant 40 et ainsi de suite. Le phénomène est global et appelle de plus en plus à corriger la représentation que nous nous faisons des âges mûrs. Ingénieur, Pierre est célibataire et sans enfants. Dès nos premiers échanges, il m'apparaît extrêmement cérébral, avec une forte capacité à maîtriser ses émotions. Mais, quand il s'installe à son piano et improvise le temps d'une cigarette, c'est un tout autre homme qui se révèle, à la fois sensible et tempétueux. Ses parents ont divorcé quand il avait 9 ans. « C'est sûr, ça marque ! » Son père s'est remarié et a eu deux autres enfants, mais sa mère est restée seule. Pierre ne pense pas du tout à leur vieillesse ou à leur éventuelle dépendance. D'abord, parce que ce sont pour l'instant ses grands-parents qui sont concernés, mais aussi parce que dans sa famille, ils connaissent d'autres formes de dépendance : sa sœur a une sclérose en plaques et son demi-frère est autiste. Alors, s'il devait se projeter dans une situation où quelqu'un serait un jour dépendant de lui, il penserait naturellement à eux et beaucoup moins à ses parents qui sont « encore jeunes », à 63 et 62 ans.

Depuis cinq ans, son grand-père paternel est atteint de la maladie d'Alzheimer. À 90 ans, il est totalement dépendant, mais encore maintenu à domicile, dans un petit village du Tarn. C'est le père et la tante de Pierre qui s'en occupent à plein temps, car sa grand-mère n'est évidemment plus en état de le faire. Depuis deux ans, ils se répartissent les jours et les nuits de la semaine. « Il faut garder à l'esprit que mon père s'occupe également de mon demi-frère autiste. Ça donne une idée du peu de temps qui lui reste. » D'ailleurs, depuis quelque temps, ils discutent de savoir s'il faut prendre quelqu'un pour s'en occuper au moins pendant la journée. Son père est de plus en plus tenté par une assistance extérieure, mais sa tante s'y oppose car elle prétend que cela reviendrait à l'abandonner. C'est un faux débat, pense Pierre. « Pour bien s'en occuper, il faut aussi être disponible émotionnellement et nerveusement, or quand on doit le faire toute la journée, plusieurs fois par semaine, ce doit être épouvantable nerveusement. » Il trouve son père extrêmement courageux car, selon lui, ce qui est « pénible » avec cette maladie, « c'est l'absence de retour sur ce que tu fais. Alors qu'une personne dépendante, mais lucide, sait que tu l'aides et tu constates que ça l'aide, avec Alzheimer, elle va oublier ce qu'elle a fait, ce que tu as fait, qui tu es… c'est terrible. » S'il était à sa place, il prendrait évidemment une aide extérieure. « Parce que ça lui bouffe une partie de sa vie et de son énergie, au-delà du raisonnable, et que ça ne veut pas dire qu'il n'ira plus le voir. Au contraire, il le verra peut-être même sous un autre jour ou dans un contexte relationnel débarrassé de cette partie très contraignante, car de ce que je comprends d'Alzheimer, cela revient à avoir un bébé de 90 ans entre les mains ! »

Pierre trouve que la génération de nos parents est encore « assez solidaire » de ses propres parents parce qu'elle a reçu un modèle familial fort. « Nos grands-parents ont montré à leurs enfants qu'il fallait s'occuper de la génération au-dessus, comme mon grand-père qui a vécu chez ses parents jusqu'à leur mort. Dans ma famille, cela sert d'archétype à ma tante, plus qu'à mon père. Mais il faut dire que ma tante n'a pas d'enfant dont elle doive s'occuper. »

Aujourd'hui, entre les aides à domicile et les établissements, les solutions sont plus nombreuses qu'à l'époque de nos grands-parents. « Alors, pourquoi s'en priver ? » demande Pierre, pour qui il existe deux approches de la maison de retraite : « Soit on y met ses parents pour repasser quand ce sera l'heure de l'héritage, soit on les place en connaissance de cause, c'est-à-dire que l'on sait – compte tenu de la réalité de notre quotidien – qu'on s'en occupera mieux, et on va les voir régulièrement pour passer avec eux des moments de qualité. »

Ils sont allés dans leur maison de retraite par choix.

Thérèse a un air très doux. Cette infirmière de 36 ans vient régulièrement voir son grand-père, âgé de 83 ans, installé dans une maison de retraite tenue par les Petites Sœurs des Pauvres, à Amiens. Elle en dit du bien, de cette maison où tout est fait pour créer une atmosphère conviviale et familiale. Son grand-père y est arrivé, il y a huit ans, accompagné de sa femme, qu'il ne pouvait plus soigner seul, car son état s'était trop dégradé. C'est donc un choix qu'il a fait, en toute conscience. Atteinte d'une maladie neurologique, sa femme a commencé par avoir des troubles de la marche, puis elle s'est mise à faire des chutes. Lui ne se sentait pas assez costaud pour la relever. Aussi, il appelait son fils à la rescousse. Thérèse se souvient de son père réveillé en pleine nuit, à trois ou quatre heures du matin, partant donner un coup de main à son grand-père. Cela a duré un an et demi et puis il a fallu se rendre à l'évidence : cela ne pouvait pas continuer. Son grand-père a donc choisi pour eux deux leur dernière résidence. Aller dans une maison de retraite de son plein gré, c'est une tradition familiale, souligne Thérèse. Ses arrière-grands-parents l'avaient fait, lorsqu'ils ont senti qu'ils ne pouvaient plus rester chez eux. « Ils ne voulaient pas embêter leurs enfants. » Thérèse a une affection et une estime immenses pour ce grand-père qui a eu le courage de prendre les choses en main. Elle se souvient qu'il venait déjeuner chez ses parents, le dimanche, sans sa femme puisqu'elle était invalide, mais il se dépêchait de rentrer à la maison de retraite, inquiet, se demandant si on avait bien installé les oreillers, bien nettoyé la bouche de sa femme, dont il était en fait devenu le principal soignant. Au début, ils dormaient dans le même lit, et la deuxième chambre, contiguë, servait de petit salon. C'est seulement lorsque la grand-mère n'a plus pu communiquer qu'ils ont fait chambre à part.

Thérèse se rappelle que son père allait souvent les voir. Il continuait à parler à sa mère, alors qu'elle ne lui répondait plus. C'était une période difficile, « un calvaire », disait-il. D'un côté, il trouvait cette déchéance terrible, de l'autre il ne se voyait pas laisser tomber ses parents, alors qu'ils étaient devenus si fragiles. Thérèse dit que ce défi – ne pas abandonner, continuer à parler à quelqu'un qui ne semble plus conscient, qui paraît un légume, mais qui ne l'est pas dans sa conscience profonde – a joué un rôle important dans sa décision de devenir infirmière. Elle parle aussi de son arrière-grand-père qui serait parti « dans un halo lumineux ».

Tout cela explique sans doute que Thérèse considère comme naturel de venir voir son grand-père. Et quand ce sera le tour de son père d'entrer en maison de retraite, elle fera de même. C'est une chose qui va de soi dans sa famille.

Il est parfois plus facile
pour les personnes dépendantes d'être aidées
par quelqu'un d'extérieur que par l'entourage.

Discrète et soignée, Florence est une jolie femme de 45 ans, qui élève seule ses enfants depuis son divorce. Elle est passionnée par son métier, peu connu, de socio-esthéticienne. Chaque jour, elle donne des soins esthétiques et des massages à des malades d'un centre anticancéreux à Lyon. « La particularité de ces soins ne répond évidemment pas à l'objectif superficiel souvent recherché dans la société », précise-t-elle. Ils doivent être adaptés à l'état de santé de la personne et aux habitudes qu'elle avait avant de tomber malade. Il s'agit avant tout d'offrir aux malades des gestes autres que « médicaux ». C'est un objectif de bien-être, de mieux-être.

Pour Florence, les maquiller, soigner leur peau, leurs cheveux, leurs ongles, c'est les aider à rester dans la vie, pas seulement dans « une vie de malade ». « Arrivés à un certain stade, ils n'ont même plus à l'idée que c'est possible. Ils sont tellement dans la douleur, la souffrance, les pansements, le médical… »

Mais proposer ce genre d'aide n'est pas évident. Souvent, les personnes âgées en fin de vie s'étonnent. « Parce que j'ai encore droit à ça ? », demandent-elles. Quant aux familles, persuadées de la superficialité de l'esthétique lorsque la mort s'annonce, elles s'enquièrent : « À quoi ça sert de la maquiller puisqu'elle va mourir ? » Quand une personne âgée se regarde dans la glace et dit : « Je ne ressemble plus à grand-chose », la socio-esthéticienne lui répond qu'effectivement elle n'a pas la même image qu'à 20 ou 40 ans. Il faut aller chercher les choses autrement qu'avec les yeux : avec son « ressenti ». Il s'agit d'aller chercher le bien-être et la sensation agréable. L'image du corps se détériore, mais pas la manière dont on s'y sent.

Florence ne cherche pas la performance, mais à procurer du bien-être. Il faut montrer le côté pratique des choses : quand la peau est très rouge ou très sèche à cause des traitements, la jeune esthéticienne propose de l'hydrater pour qu'elle tire moins, tout simplement. Elle n'est pas là pour rendre belles ses patientes, mais pour les rendre « bien ». Un jour, alors qu'elle faisait une manucure à une vieille dame qui avait du noir sous les ongles, celle-ci l'a remerciée en lui disant que maintenant elle n'aurait plus honte de sortir ses mains de dessous les draps pour dire bonjour au médecin. C'est ça qui est incohérent, peste Florence : « Les patients sont douchés à la va-vite tous les jours, alors qu'il vaudrait mieux que ce soit un jour sur deux, pour au moins prendre le temps de nettoyer sous les ongles. »

Une autre fois, l'équipe lui a demandé d'aller voir une femme âgée de 85 ans qui était sur le point de mourir. Lorsqu'elle est entrée dans la chambre, les enfants entouraient leur mère, son mari lui tenait la main. « J'ai expliqué la raison de ma présence. Il y a eu un grand blanc. » Son mari l'a regardée assez froidement et lui a dit que son épouse n'en avait plus besoin. Celle-ci, très affaiblie et pouvant à peine parler, a approuvé de la tête. Avant de quitter la chambre, Florence s'est risquée à demander : « Oui, je sais que la fin est proche, mais vous avez vécu des moments difficiles… Est-ce que vous ne pouvez pas vous autoriser à vivre des choses agréables dans votre corps avant de partir ? » Le lendemain, le mari a fait savoir que sa femme avait changé d'avis. Florence a commencé par un soin du visage. Comme les sourcils étaient très broussailleux, elle lui a demandé si elle avait l'habitude de les épiler, avant de tomber malade. La vieille dame lui a répondu qu'elle avait toujours voulu le faire, mais que son mari n'était pas d'accord. « Mais aujourd'hui, c'est moi qui décide ! Faites-le ! », lui a-t-elle lancé d'un air victorieux.

La vieillesse de ses parents, Florence y pense depuis l'accident cardiaque de son père. Elle n'est pas très inquiète parce qu'ils sont particulièrement organisés et prévoyants. « Ils cherchent en ce moment un appartement en rez-de-chaussée proche des commerces, ils ont souscrit une assurance dépendance et m'ont donné procuration sur leurs comptes bancaires. » Si l'un ou l'autre devenait dépendant, elle s'en occuperait, mais elle ne pourrait pas l'accueillir à la maison ou vivre avec. « J'ai une amie qui vient de récupérer sa mère très malade chez elle. Moi, je n'en suis pas capable, d'abord parce qu'on a perdu l'habitude de vivre ensemble et ensuite parce que je n'ai pas de quoi les loger. » Elle se dit prête à aider autant que possible, même si elle garde à l'esprit qu'il est parfois plus facile pour les personnes dépendantes d'être aidées par quelqu'un d'extérieur que par l'entourage. « Ce n'est pas la même humiliation. [...] Il vaut mieux avoir la chance de pouvoir faire appel à une femme de ménage que de voir sa fille venir faire le ménage pour vous. »

Je préfère qu'elle meure cinq ans avant,
mais avec toute sa tête.

Nadine est aide-cuisinière dans une maison de retraite d'une ville de province et me reçoit dans son petit appartement au deuxième étage d'une barre HLM. Un rien méfiante, elle me demande à nouveau si son témoignage sera bien anonyme, ce que je lui confirme. Rassurée, elle me dépeint la vie des résidents. Ce qui la sidère le plus, c'est de voir ces vieux en train de se chamailler, de s'insulter parfois, « comme des gosses ». Elle me raconte, par exemple, que lorsqu'elle ouvre la porte du réfectoire et qu'une « petite mamie » peine à avancer avec son fauteuil roulant, il y en a toujours quelques-uns pour crier : « Eh alors, elle avance la vieille peau ? » Ou bien, quand elle a cinq minutes de retard, « ils braillent », parce qu'ils sont tenus par des horaires très stricts, me dit-elle. Tout est bien organisé : au réfectoire, ils ont chacun leur place attitrée, et pour éviter que ce soit toujours les mêmes qui soient servis les premiers, il y a un ordre pour faire passer le chariot. Un jour on commence à servir à droite et le lendemain à gauche. « Et on n'a pas intérêt à se tromper, sinon ils se mettent à grogner », lance-t-elle en levant l'index.

Le soir, le repas est servi à 18 h 30. Comme Nadine termine son service à 19 h 24 précisément (« c'est la fonction publique ! », me dit-elle), ils doivent avoir terminé de dîner. Bien sûr, les repas sont préparés différemment en fonction de l'état de santé des résidents. « Pour ceux qui ont du mal à mastiquer, on fait des "hachés viande", comme pour les bébés. Sinon, pour ceux qui ont des problèmes de déglutition, on leur fait des "mixés", et pour d'autres encore, on fait des "mixés lisses" pour éviter les fausses routes. »

Je lui demande alors ce qui la choque le plus dans cet établissement et ce qui fait qu'elle a éventuellement du plaisir à s'y rendre pour travailler. « Le plus terrible, c'est que, même à Noël, ils sont seuls. Sur cent cinquante résidents, s'il y en a dix qui sont accueillis par leurs familles, c'est bien le maximum. » Mais Nadine sourit à nouveau en me racontant qu'elle est très complice avec un « petit papy » qui est arrivé il y a dix-huit ans. « Il est entré ici à 60 ans, c'est lui qui l'a voulu, pourtant ce n'est pas très vieux 60 ans. » Elle l'appelle « le patron », parce qu'il « fait partie des murs ». Il vient souvent la voir en cuisine, et comme c'est son « petit chouchou », elle lui donne quelques gâteaux. Parfois, ils se retrouvent dehors pour partager un cigarillo et commenter les histoires d'amour qui naissent entre les résidents. Des liaisons que Nadine qualifie d'« assez jolies et rigolotes ». Elle se rappelle cette très vieille dame, qui avait un début d'Alzheimer, et ce nouveau résident qui se sont pris d'affection l'un pour l'autre en quelques jours. Chaque matin, ils faisaient le tour du parc main dans la main, et à l'heure du repas, « monsieur passait prendre madame, en galant homme ».

« C'est qu'il y en a même qui ont une vie sexuelle ! » lâche-t-elle, avant de préciser qu'elle ne trouve pas cela gênant, bien au contraire. Mais parfois, « ça dépasse les bornes ». Un dimanche après-midi, alors qu'elle fumait un cigarillo avec le « patron » sur le banc près de l'entrée, elle a vu dans le hall d'accueil « une mamie quasiment aveugle qui avait sa main dans le pantalon d'un papy en fauteuil, en train de le tripoter ! ». Selon le « patron », ce n'était pas la première fois qu'ils se « donnaient en spectacle, ces deux-là ». Nadine était surtout choquée parce qu'on était dimanche et qu'il y avait des enfants qui jouaient dans le hall. Ce à quoi le « patron », qui manifestement avait le sens de l'humour, a répondu : « Ben, faudra que tu montes dans ma chambre et on fera pareil ce soir… »

À 35 ans, Nadine est célibataire et n'a pas d'enfant. Elle me dit en soupirant que ce n'est pas facile d'être seule. Heureusement, elle voit souvent sa mère. « C'est une amie en même temps. » D'ailleurs, au moment où elle commence à évoquer sa relation avec elle, la voilà qui sonne à la porte. Nadine me demande si elle peut se joindre à nous pour la fin de l'entretien, ce que j'accepte volontiers. Mais, lorsque devant sa mère – une femme menue et peu assurée – je lui demande ce qu'elle ferait si celle-ci devenait dépendante en vieillissant, les larmes lui montent aux yeux et un long silence s'installe. Sa mère, la tête inclinée, lui passe une main fébrile dans le dos. Nadine se racle la gorge et me répond. Ce qu'elle ne supporte pas dans la dépendance, c'est la « perte de dignité des personnes », qu'elles s'en rendent compte ou non, « parce qu'on les lave, on leur met des couches, on les habille, on leur donne à manger comme à des bébés… » Puis elle inspire profondément, prend la main de sa mère qu'elle serre contre sa poitrine volumineuse, et ajoute : « Pour moi, la plus belle mort, c'est de se coucher et de ne pas se réveiller. Si maman devait attraper Alzheimer, par exemple, ça me ferait trop mal… Je préfère qu'elle meure cinq ans avant, mais avec toute sa tête. »

Mon père ne veut pas connaître la déchéance,
car, en tant que médecin, il sait très bien ce que ça implique.
Il aimerait que l'on soit capable de l'aider à mourir
dès que les choses ne seront plus possibles.

L'homme avec qui j'ai rendez-vous pourrait impressionner avec sa grande taille et ses larges épaules, si tout dans son comportement ne semblait s'en excuser. Dans la pizzeria où nous nous rencontrons, après avoir soigneusement plié sa gabardine sur ses genoux et joint ses mains sur la table, il me dit « je suis à vous » en souriant. À 41 ans, Jean est un jeune père célibataire d'une petite fille de 8 ans dont il a la garde trois jours par semaine. Au chômage depuis plusieurs mois, il recherche un emploi à temps partiel, désireux de pouvoir continuer à consacrer du temps à sa fille et à ses tantes, les sœurs aînées de son père, avec lesquelles il entretient une relation particulière puisqu'elles l'ont élevé en grande partie. « Il faut dire que mes parents sont médecins et ont toujours beaucoup travaillé. » Il y a quelques années, l'une d'elles a développé la maladie d'Alzheimer. La première fois qu'il a réalisé qu'elle « ne tournait plus rond », c'était un dimanche avant le déjeuner. Il jouait dans le salon avec sa fille lorsqu'une forte odeur de brûlé s'est dégagée de la cuisine. « Elle avait fait cuire des nuggets de poisson avec l'emballage plastique et elle avait mis de l'huile dessus ! » Très vite, c'est Jean qui, avec l'aide de sa sœur, a « pris en main la situation », son père se chargeant exclusivement de faire les chèques. « Du jour au lendemain, à cause du danger qu'elle représentait, nous nous sommes organisés avec ma sœur pour assurer une présence permanente, même la nuit, car mon autre tante était trop faible pour y faire face toute seule. » Mais, la contrainte était telle sur leurs vies personnelles qu'ils ont rapidement recruté des aides à domicile, avant de la placer en hôpital de jour car, selon Jean, « il fallait aussi que l'autre tante puisse respirer un peu ». Un an plus tard, ce fut le placement définitif en établissement spécialisé. Jean me raconte, sur le conseil du médecin de l'établissement, comment il a recréé un environnement familier dans la chambre de sa tante, avec quelques meubles de son ancien logement, des souvenirs… « Nous lui avons même confectionné un album de famille avec les noms inscrits sur les photos pour contribuer à un exercice de mémoire… mais quand on l'ouvrait, cela suscitait chez elle des crises de larmes et de violence. » Le personnel soignant lui a donc fortement suggéré de remporter cet album qui rappelait à sa tante « qu'elle n'acceptait pas de ne plus être chez elle ». Jean estime que sa responsabilité, à ce moment-là, était de participer à l'acceptation de cette « nouvelle forme de vie », et non pas de freiner des quatre fers. « Nous ne pouvions pas jouer cette attitude franche qui consiste à dire "Bon ben c'est super, t'es là maintenant", donc nous lui faisions croire, quand elle posait des questions, que c'était temporaire. » Bien sûr, me dit-il, depuis qu'elle est malade, il y a eu des échanges et des moments de franchise, mais « à partir du moment où la personne est mise dans un établissement, je crois qu'il ne faut plus se battre, il faut apaiser pour rendre les choses supportables. Et je pense que toutes les familles font ça. »

Ce qui l'a profondément troublé dans cette expérience, « c'est la nature du dialogue avec un proche qui se rend compte peu à peu qu'il perd la tête », et le nécessaire « complot » que la famille doit mettre en place. « Car c'est un complot – même si c'est dans l'intérêt de la personne – puisqu'on fomente en douce des stratégies, des plans, des façons de dire les choses sans blesser… » Même pour son autre tante, ajoute-t-il, « il a fallu dire les choses sans forcément tout dévoiler, car à cet âge, c'est fragile ». Mais l'investissement de Jean ne s'est pas arrêté du jour où sa tante à été placée. Avec sa sœur, là encore, ils se sont organisés pour les visites. « Pour assurer au moins deux visites par semaine. » Si elle chute et qu'elle est hospitalisée, c'est lui que l'on prévient. La semaine dernière, il l'a emmenée chez le dentiste, et dans quelques semaines il lui apportera ses habits d'été, car la place manque dans sa petite chambre. Cela fait maintenant quatre ans qu'elle y est installée. Les parents de Jean ne sont toujours pas allés la voir. « Mais ils demandent souvent de ses nouvelles. » Et surtout, ils financent. « Elle vit dans une toute petite chambre avec ses meubles, mais c'est quand même 3 500 euros par mois ! »

Comment explique-t-il l'absence totale d'investissement affectif de la part de ses parents ? « Mes parents sont malheureux. C'est un sujet tabou. Ils nous posent des questions, mais moi je ne peux pas en poser, c'est comme ça. Si c'était dans leur caractère de ne pas s'investir, de ne pas aider les autres, on pourrait se dire que ce sont des salauds, mais ce n'est pas le cas. Par exemple, mon père s'est très bien occupé de ses beaux-parents. Mais avec ses sœurs, il est totalement défaillant, sauf financièrement. Je ne veux pas le juger. » Jean y trouve même son compte. « C'est une façon pour moi de renvoyer l'ascenseur à mes parents qui m'ont beaucoup aidé dans ma vie. Et puis, le fait de m'occuper de mes tantes, et de ma fille, me rend certainement moins con que si je n'avais à penser qu'à moi. »

Il s'inquiète maintenant à l'idée que ses parents seront peut-être un jour dépendants de lui. Il aimerait évidemment pouvoir leur venir en aide, mais « comment faire quand on est soi-même en difficulté professionnelle et financière ? ». Il ressent même une culpabilité car il imagine que ses parents vont être confrontés à un dilemme : « garder leur argent pour leurs vieux jours ou le donner aux enfants et petits-enfants qui en ont besoin ? ». Selon lui, son père ne veut pas connaître la déchéance, car en tant que médecin, il sait très bien ce que cela implique. « À un moment on devient dépendant de la bonne volonté de personnes qui décident de tout, de notre hygiène, de notre odeur et de choses qui font de nous des animaux ou des êtres humains… et il ne peut pas accepter ça. » D'ailleurs, pour sa tante, son père pense qu'elle n'est « tellement plus ce qu'elle était » qu'il faudrait lui souhaiter que ça s'arrête. En tout cas, il a fait comprendre à son fils que si cela devait lui tomber dessus, « il aimerait que l'on soit capable de l'aider à mourir dès que les choses ne seront plus possibles ». Mais, aujourd'hui, Jean ne sait pas du tout ce qu'il ferait en pareille situation. Il n'a même pas envie d'avoir une opinion sur le sujet.

DES QUESTIONS ET DES TABOUS

Édouard de Hennezel

Au moment où nous nous posons tous collectivement la question du financement des retraites et de la dépendance, je suis donc parti demander à des hommes et des femmes de ma génération comment ils envisageaient de soutenir ou non leurs parents vieillissants, si ceux-ci venaient à perdre leur autonomie.

C'est évidemment une question qui suscite de l'angoisse, comme toutes celles auxquelles on n'a pas la réponse. Elle nous oblige à nous projeter dans un avenir incertain, avec ses côtés sombres. Et à vrai dire, nous n'y avons pas vraiment pensé, ou nous évitons d'y penser. Nos parents sont pour la plupart encore « jeunes » et en pleine forme. Leur grand âge nous paraît bien loin. En outre, beaucoup d'entre nous n'avons pas l'expérience de compter dans notre famille des grands-parents « dépendants ». L'actualité nous oblige donc à réfléchir à un problème nouveau, qui pourrait effectivement nous concerner de près dans dix, vingt ou trente ans.

Oui, cette question nous met souvent mal à l'aise. Elle interroge la relation que nous avons avec nos parents et le regard que nous portons sur eux. Ainsi, j'ai parfois senti certains de ceux que j'ai interviewés plutôt critiques ou même exaspérés. Pourquoi faudrait-il qu'ils se chargent d'une génération qui ne s'est pas occupée d'eux ? Une génération qui nous laisse en héritage une planète polluée, un chômage endémique, un niveau de vie souvent inférieur à celui dont elle bénéficiait au même âge ? Une génération « égoïste et immature » – c'est ainsi que quelques uns d'entre eux la jugent – qui, après avoir joui sans conscience des facilités que la croissance lui a données, attendrait maintenant de ses enfants qu'ils la prennent en charge ! J'ai été marqué par quelques témoignages – comme celui d'Isabelle – qui montrent combien il est douloureux d'envisager sa responsabilité à venir envers des parents qui vous ont « pourri la vie » par leur immaturité et leur inconséquence. Mais heureusement, ils sont extrêmement rares, celles et ceux qui considèrent qu'ils ne doivent rien à de tels parents, et que le mieux serait que chaque génération s'occupe d'elle-même. Chacun pour soi. Chacun chez soi. D'ailleurs, de votre côté, vous êtes plutôt de cet avis. Le « qu'ils s'occupent d'eux » lancé par Marc rejoint en miroir la volonté qui est la vôtre de rester autonomes et de ne surtout pas peser sur vos enfants. N'est-ce pas ? Vous êtes la génération qui a chanté avec Brigitte Bardot : « Je n'ai besoin de personne. »

En réalité, certaines familles autour de nous se trouvent dans des situations intenables parce qu'elles financent depuis des années la maison de retraite ou les aides à domicile d'un parent dépendant. Le « reste à charge » qui pèse sur les enfants les oblige alors parfois à devoir vendre le peu de patrimoine qu'ils possèdent, ce qui devient dans ce cas littéralement ruineux.

La question du financement de la dépendance est donc cruciale pour nous. Nous savons qu'il nous faudra probablement en supporter collectivement la charge. Mais certains parmi nous, à l'exemple de Marc, trouvent la pilule amère. Nos parents auront échappé, encore une fois, à leurs responsabilités !

Ces critiques, cette amertume signifient-elles que le lien intergénérationnel est en péril ?

Murielle s'interroge : « Est-ce que le fait de vivre dans un pays où il y a une couverture sociale permet plus facilement de s'affranchir de son devoir de soutien ? » Je n'en suis pas convaincu. Car même si nos mots sont parfois durs, j'ai découvert aussi, en recueillant ces témoignages, beaucoup de générosité et de maturité. Nous avons, pour la plupart, le désir de protéger nos parents et de les mettre à l'abri du besoin, s'ils devenaient vulnérables. Nous nous sentons tout simplement concernés. Certes, pour les uns, ce devoir filial se limitera à l'obligation alimentaire imposée par la loi. Ainsi Karim me confie-t-il qu'il subviendra aux besoins financiers de sa mère, sans pour autant s'investir humainement, car il ne veut pas que cela entrave sa manière de vivre. Chez d'autres, en revanche, j'ai rencontré le sentiment beaucoup plus fort d'être fondamentalement, moralement et affectivement redevable. Ceux-là sacrifieraient beaucoup de choses plutôt que de manquer à ce devoir de réciprocité.

Notre société sous-estime sans doute la force de la solidarité entre les générations. On essaie de nous faire croire à une « guerre des âges » à partir de certaines réactions défensives, mais personnellement je n'y crois pas. La grande majorité des personnes que j'ai interviewées est consciente de l'importance du lien intergénérationnel, qui reste notre force face aux crises à venir. Toutefois, nous vous observons. Nous sommes – ou avons-été – les témoins de vos comportements vis-à-vis de vos parents, nos grands-parents. Vous êtes, il est vrai, la génération tampon, prise entre de vieux parents qui ont besoin de votre aide et des enfants qui peinent à trouver du travail et à devenir autonomes. Sans doute avez-vous le sentiment de faire de votre mieux pour soutenir les uns comme les autres. Gageons que nous ferons ce que nous pourrons, le jour venu, pour vous aider à notre tour.

Cela me fait penser à celles et ceux qui m'ont affirmé qu'ils n'hésiteraient pas à accueillir chez eux, quelle que soit l'exiguïté de leur logement, un parent âgé dans le besoin. « On les prendra sous notre toit, on s'en occupera. C'est un juste retour des choses. » « Garder ses parents chez soi, veiller sur eux, c'est respecter le plus longtemps possible ce que nous sommes et ce qui nous attache. »

Il y a de toute évidence des valeurs fortes qui leur ont été transmises par les générations précédentes.

La culture joue, nous nous en rendons compte en écoutant nos témoins chinois ou africains, mais il y a aussi le poids de l'exemple et des souvenirs. Ainsi, Brigitte sait exactement pourquoi elle a une vraie tendresse pour les personnes âgées. Cela s'enracine dans les souvenirs laissés par son arrière-grand-mère, et dans l'attitude exemplaire de ses parents, prenant soin, « avec abnégation » dit-elle, de leurs propres parents.

Cet engagement solidaire semble trouver sa source dans un sentiment de gratitude. Quand on a beaucoup reçu de ses parents, qu'ils se sont parfois « sacrifiés » comme l'expriment si bien Franck, Murielle ou Virginie, on n'imagine pas se défausser d'un devoir de réciprocité et ne pas tout faire pour adoucir leurs vieux jours. Il ne s'agit pas seulement d'un devoir matériel, mais, comme le rappelle Murielle, d'un devoir de « présence, ne serait-ce que par le regard ». Les liens avec les parents semblent d'autant plus forts que les difficultés de la vie les ont renforcés.

Au contraire, lorsque les parents ont donné l'exemple de l'abandon, nous en sommes profondément meurtris. Pauline a été témoin de la façon dont sa mère a « placé » sa tante en maison de retraite, contre son gré, en lui faisant croire que ce serait temporaire, puis en cessant de lui rendre visite. Avec sa mère, elle a tenté de se justifier par la nécessité et le caractère acariâtre de la tante en question, mais cet abandon est au fond si culpabilisant que les deux femmes ne peuvent envisager, en ce qui les concerne, une vieillesse différente, entourée, accompagnée. Elles disent préférer toutes les deux mourir plutôt que mal vieillir, et par là même devenir un poids pour autrui.

Notre engagement solidaire vis-à-vis de nos parents semble donc intimement lié, chez nous, en Occident, à l'histoire de nos liens affectifs. Notre premier mouvement, qui vient du cœur, est donc l'intention d'accueillir notre père ou notre mère, de lui faire une place même si nous vivons dans un espace restreint. C'est un élan louable, une intention généreuse, qui témoigne de la bonne relation que nos parents ont construite et maintenue avec nous. Mais tiendra-t-elle face à l'épreuve de la réalité ? Chaque fois que j'ai pu pousser mes interlocuteurs un peu plus loin dans leurs retranchements, je me suis rendu compte qu'ils émettaient des réserves. Ainsi Marie, qui serait prête à « foutre sa vie en l'air » pour s'occuper de ses parents, dit-elle par ailleurs qu'il ne faudrait pas que cela mette en danger son couple, ni l'équilibre familial, ni son envie de s'installer à l'étranger. Conflit de priorités, donc.

Nous sommes souvent lucides sur les limites que la réalité opposera à notre générosité d'intention. Comment concilier notre désir d'accueillir un parent vulnérable avec le souci de ne pas mettre en péril notre vie professionnelle et familiale ? Aurons-nous les moyens financiers de vous aider, si vous êtes démunis ? Nous serons peut-être au chômage ou toucherons probablement de maigres retraites. Aurons-nous le temps, la disponibilité, la force, la santé de vous venir en aide, si nous devons faire face nous-mêmes à une forme de précarité ? Et puis, nous savons, comme nous le rappelle Brigitte, qu'il est épuisant physiquement et moralement de s'occuper quotidiennement d'une personne âgée, surtout si elle a des handicaps.

Alors « pourquoi se priver des solutions qui existent ? », demande Pierre. Des aides à domicile ou des maisons de retraite ?

Aussi bien soit-elle, la maison de retraite reste dans notre imaginaire un pis-aller que nous aimerions éviter à nos parents. « Glauque ! » dit Marie, dégoûtée par les vieux qui déambulent devant une maison de retraite de sa ville. Nous en avons une vision négative. Nous restons fixés sur les images de maltraitance diffusées par les reportages à la télévision. Ou bien ce rejet vient de ce que nous avons observé, en allant voir l'un ou l'autre de nos grands-parents, ou parfois en travaillant dans ces structures. Ainsi Fabienne est-elle marquée par la vieillesse de sa grand-mère, malheureuse et délirante, qui s'est mise à réclamer la mort, dès lors qu'elle a été « placée » dans une institution. Le témoignage de Nadine ne nous donne pas non plus envie de voir nos parents parmi ces vieux en pleine régression, qu'elle voit comme des « gosses » ayant perdu toute dignité.

Mais celui de Thérèse nous donne un autre son de cloche : on peut aussi aller dans une maison de retraite de son plein gré, parce qu'on estime que c'est la meilleure solution pour tout le monde, et souvent aussi parce que le maintien à domicile a ses limites. Certaines personnes en perte d'autonomie préfèrent prendre les devants, choisir elles-mêmes leur maison, pour ne pas épuiser leurs proches. Enfin, comme nous le raconte Thérèse, certaines maisons de retraite offrent un cadre convivial et familial, bien loin de l'image de mouroirs que l'on imagine. C'est ce que nous confirment Alima et Florence, deux soignantes qui ont le sentiment d'apporter quelque chose de « bon » aux résidents des institutions dans lesquelles elles travaillent. Florence envisage sans l'ombre d'une inquiétude la perspective d'une maison de retraite pour ses parents vieillissants. Elle sait que l'on peut aussi s'y trouver bien et elle n'aurait pas le sentiment d'abandonner ses parents, puisqu'elle serait présente tout autant.

Cela nous interroge sur le regard que nous portons sur la « dépendance ». Les gens associent souvent la perte de l'autonomie à l'indignité. Plusieurs de mes contemporains sont marqués par des scènes traumatisantes liées à la déchéance misérable d'un grand-parent – cette grand-mère qui se souille sous les yeux de sa petite-fille, par exemple. Mais d'autres m'ont paru avoir une vision beaucoup plus juste de la dignité, car ils ne portent pas un regard négatif et catastrophique sur la grande vieillesse et les handicaps qu'elle entraîne.

Lorsque sa mère dit à Martin : « Je ne veux pas t'ennuyer, tu as ta vie », c'est un propos convenu, qui l'agace. Ce n'est pas à elle « de décider ce que je ressens comme une charge ou non ». Pourquoi, sous prétexte que l'on est âgé et plus fragile, devrait-on dévaloriser ce que l'on peut encore donner et apporter à ses enfants et petits-enfants : « Nous avons encore beaucoup à nous donner et à nous apprendre réciproquement », conclut Martin.

Martin entrevoit quelque chose que nous avons peut-être du mal à comprendre. Les personnes âgées et vulnérables peuvent donner et recevoir autre chose et autrement. La vulnérabilité peut faire appel au meilleur chez l'autre, qui en est le témoin. Les enfants par exemple le sentent bien, qui spontanément vont se blottir dans les bras d'un vieillard, comme s'ils percevaient cet appel secret à la chaleur humaine. Si la vulnérabilité à venir de ses parents angoisse Marie, elle ne fait pas peur à son fils. « Ne t'inquiète pas, Maman, je serai toujours là pour toi ! », lui dit-il. Une parole jaillie du cœur, qu'elle n'apprécie malheureusement pas à sa juste valeur, puisqu'elle lui rétorque : « Non, surtout pas ! », croyant le protéger.

En outre, sommes-nous prêts à assumer les soins intimes de nos parents, lorsqu'ils devront confier leurs corps impotents aux mains des autres, et qu'ils seront devenus « comme des bébés » ? Nora vient d'un pays où l'aide sociale n'existe pas, et où la solidarité familiale est une nécessité. Elle ne conçoit pas qu'une personne âgée et fragilisée puisse être heureuse dans une institution. Aussi vient-elle naturellement aider sa mère à prendre soin de son mari, atteint par la maladie d'Alzheimer. Elle donne avec pudeur et délicatesse sa douche à son père. C'est une chose que les femmes font plus naturellement tandis que les hommes ne s'en sentent souvent pas capables, comme l'avoue Guy. « Toucher sa mère nue ! Ce n'est pas possible », nous dit aussi Brigitte, parlant pour son père.

Avec tout ce que nous entendons sur le développement de la maladie d'Alzheimer, nous nous inquiétons. Nous faudra-t-il, dans vingt ou trente ans, devenir les parents de nos parents ? Même si certains surestiment leurs forces et se projettent un peu en héros, cette perspective en terrifie plus d'un. Nous réalisons alors que ce sera au-dessus de nos forces, et que le placement final en maison spécialisée sera inévitable.

Aussi, face à ces situations difficiles, je crois pouvoir dire que ma génération aimerait que vous anticipiez autant que possible votre grand âge et votre éventuelle dépendance. Nous ne souhaitons pas que vous deveniez tristes, amers, désespérés, des vieillards acariâtres, agressifs et plaintifs. Ce serait d'ailleurs le meilleur moyen de faire le vide autour de vous et de vous retrouver isolés. Alors, comme nous le suggère Martin, ne baissez pas les bras, vivez votre vieillissement le mieux possible, continuez à « célébrer la vie ».

Mettez tout votre poids politique et toute votre énergie, pendant qu'il en est encore temps, au service des changements qui rendront la « solution maison de retraite » plus enviable. Marc, entre les lignes, ne dit pas autre chose. Battez-vous dès maintenant pour que ces structures soient à la hauteur de vos désirs. Et faites ce que vous pourrez pour rester en bonne santé et autonomes le plus longtemps possible. Prenez soin de vous, mais surtout prenez soin de la relation que vous avez avec nous et avec vos petits-enfants.

Si nous avons sans doute un rôle à jouer pour vous aider à accepter de vieillir, il n'en reste pas moins que nous attendons de vous une certaine maturité, un exemple de ce que nous aurons à vivre lorsque viendra notre tour.

Au fond, nous avons besoin que vous soyez heureux de vieillir et nous savons que vous ne le serez que si vous vous tournez vers le cœur et l'esprit. Ainsi Martin peut-il envisager de prendre sa mère chez lui « parce qu'elle a une vie intérieure » et qu'elle lui apporte quelque chose de l'ordre de la sagesse et de la profondeur. Martin nous dit aussi à propos de son père que celui-ci pourrait dépasser l'épreuve qu'il traverse, parce qu'il n'a plus « ni argent ni boulot », en explorant autre chose. S'il ne peut plus faire de cadeaux, il peut alors donner de lui-même, de sa personne, de sa présence. Pour lui, c'est cela bien vieillir, faire le deuil de « l'homme extérieur » et faire vivre « l'homme intérieur ».

Faites du ménage dans vos vies. Vous vous allégerez, et vous nous allégerez aussi. Brigitte, qui travaille dans un foyer, constate amèrement que beaucoup de personnes âgées sont agressives et angoissées. Elles traînent derrière elles des conflits et des frustrations ou des peurs sur lesquelles elles n'ont jamais « travaillé ». Il ne leur reste plus qu'à prendre des cachets pour dormir. Ne nous faites pas porter les regrets, les rancunes ou les remords de votre passé.

Nous nous doutons bien que vous ne serez peut-être pas toujours valides et physiquement autonomes, mais si nous vous sentons apaisés, disponibles, ouverts, ce sera plus facile, plus léger pour nous de s'occuper de vous. Lisa n'envisage pas une seconde d'accueillir son « dragon » de mère, « en perpétuelle demande d'amour et de reconnaissance ». Une requête impossible qui la culpabilise. Mais, lorsque je lui demande comment elle-même se verrait dans son grand âge, elle me répond avec émotion qu'elle s'imagine être dans une petite chambre, au milieu des siens, nourrie des bruits familiers de la maison. Elle se rêve donc capable d'une présence discrète, légère, bienveillante, qui ne fasse pas le vide autour d'elle ! Quand Mireille parle de sa grand-mère qu'il a fallu laisser à Goma, elle montre une femme âgée ayant accepté sa fin et ne voulant en aucun cas entraver la fuite des siens, à qui elle rend ainsi leur liberté : « Va en paix, pars sans regret. » François, lui, est fier de ses parents qui ont « l'élégance » de ne jamais se plaindre. Il nous fait aussi comprendre que des parents qui ne veulent pas aborder la question de leur avenir avec leurs enfants leur imposent de fait « quelque chose de lourd ». Se faire léger, ce serait donc commencer par parler de ces questions taboues pour qu'elles pèsent moins sur la pensée des enfants.

Enfin, dans les échanges que j'ai eus avec les uns et les autres, j'ai systématiquement évoqué la question de l'euthanasie. Je voulais connaître leur position dans le débat récurrent sur sa législation. Si une majorité d'entre eux s'est instinctivement prononcée « plutôt pour », je dois souligner avec force qu'ils ont changé d'avis lorsque je leur ai fait part des apports de la loi Léonetti sur la fin de vie. En réalité, dans leurs esprits, une confusion s'opérait entre « euthanasie » et « non-acharnement ». Pour eux, être « pour » la légalisation de l'euthanasie signifiait surtout être « contre » l'acharnement thérapeutique. Mais, en apprenant qu'il y avait l'obligation pour les médecins de respecter la volonté du patient qu'on ne s'acharne pas sur lui, et l'obligation de soulager sa douleur, quitte à ce que la dose nécessaire soit létale, plus aucun d'entre eux ne voyait l'intérêt d'une loi légalisant l'euthanasie. Sauf un, qui souhaitait que la société autorise le suicide assisté.

Nous ne sommes pas très au clair sur toutes ces questions : la mort, le sens de la vulnérabilité du grand âge, la place de chacun dans la société des âges. Pourquoi ne nous aideriez-vous pas à mûrir nous aussi, en osant parler de tous ces tabous ? En partageant nos doutes et nos intuitions profondes, nous aurions tous à gagner en sagesse à transmettre à nos propres enfants.

QUAND IL Y A DE L'AMOUR, IL Y A DES SOLUTIONS

Marie de Hennezel

Lorsque j'ai abordé les rives du troisième âge, il y a quelques années, confrontée à une soudaine solitude et plongée que j'étais dans toute la documentation que j'avais amassée pour écrire mon livre sur l'expérience de vieillir, j'ai passé un mauvais moment. J'en ai fait le récit alors[2]. Les nouvelles qui me venaient du grand âge me semblaient très noires. Les livres que je lisais me renvoyaient une image triste. J'avais l'impression que, dans notre monde, être vieux, c'était une faute. J'ai cité, je m'en souviens, ces quelques lignes d'Elie Wiesel : « Les vieux ? Ils n'ont qu'à rester chez eux, qu'à ne plus déranger, qu'ils

2. Dans *La chaleur du cœur empêche nos corps de rouiller*, Robert Laffont, 2008 ; rééd. Pocket , 2010.

soient contents d'être nourris et vêtus et tenus au chaud… Faisant d'eux des reclus, on leur fait sentir qu'ils sont de trop. Victimes d'un système permanent d'humiliation, ils ne peuvent que se sentir honteux de ne plus être jeunes et en fait honteux d'être encore en vie[3]. » Elie Wiesel disait là tout le malheur d'être vieux, et moi je comprenais mieux pourquoi tant de personnes âgées se suicidaient. Quand on vous renvoie constamment que vous êtes un poids pour la famille ou quand on est devenu transparent, pourquoi rester en vie ? Assise à ma table de travail, essayant de mettre de l'ordre dans l'enquête que j'avais faite alors, je ne voyais plus que les témoignages poignants de la solitude des vieux. Je me souvenais du choc que nous avons eu en 2003, l'été de la canicule, lorsque nous avons réalisé que tant de vieilles personnes isolées étaient mortes de déshydratation dans leurs logements solitaires, ne recevant plus aucune visite. J'avais sous les yeux ce récit que ma sœur m'avait fait d'une nuit de Noël passée aux Halles, où elle s'était engagée comme bénévole pour servir leur repas de fête aux vieux du quartier. Une femme très âgée lui avait confié qu'elle ne voyait plus

3. *Ibid.*, p. 24.

aucun de ses quatre enfants, ni de ses petits-enfants ! D'autres histoires aussi disaient le peu de joie à vivre, quand on se sent éloigné de ceux qu'on aime, parfois rejeté, ou tout simplement devenu objet d'indifférence.

Je lisais donc, cet été-là, bien des choses sur la mauvaise vieillesse, sur la dépendance et la maladie d'Alzheimer. On parlait alors, à propos de cette dernière, dans les articles médicaux sérieux, de « tsunami » à venir. Parfois, au cours de mes lectures, je m'arrêtais et me demandais : « Et si cela m'arrivait ? » Je me souvenais alors des regards de certains vieillards déments, attachés dans leur fauteuil, que je croisais il y a vingt-cinq ans, quand je traversais la maison de retraite de l'hôpital Bonsecours, pour me rendre dans le service de soins Sida, où je travaillais comme psychologue. Des regards vides, semblant attendre la mort comme une délivrance, tendus vers le visiteur ou le soignant de passage, en quête d'un peu d'affection.

Je venais de terminer le livre d'un infirmier, *On achève bien nos vieux*[4], un sévère réquisitoire contre la maltraitance des personnes âgées ! Une

4. Jean-Charles Escribano, Oh ! Éditions/France Info, 2007.

maltraitance sur laquelle trop souvent les familles ferment les yeux, craignant que leurs plaintes n'aggravent la situation ou que l'institution ne renvoie chez eux leur parent dément. Je sais maintenant que le premier maltraitant, c'est l'État qui, au lieu d'augmenter les effectifs de personnels soignants, ne cesse de réduire les budgets. Cela impose alors à ces hommes et ces femmes qui prennent soin, à notre place, des vieux en perte d'autonomie, des rythmes de travail inhumains. Dix minutes pour la toilette d'une personne âgée dépendante, ce n'est pas acceptable. Mais constater cette absence de moyens, n'est-ce pas déprimant ?

Plongée dans cette réalité misérable, éprouvant beaucoup de difficulté à prendre du recul et à ne pas me projeter dans ce qui pourrait m'arriver un jour, dans ma grande vieillesse, j'ai failli abandonner le projet que j'avais d'écrire un livre optimiste et lumineux sur la vieillesse.

Je vivais alors ce que les psychiatres ont identifié comme étant la dépression des seniors. Une dépression beaucoup plus fréquente qu'on ne le pense, car ma génération souffre peut-être encore plus que la génération précédente de l'image désastreuse que nous avons tous du vieillir et du grand âge. Finalement, j'ai surmonté ma dépression et, retrouvant confiance, j'ai pu envisager que vieillir, même longtemps, puisse être une expérience heureuse, à condition de rester en lien. Et seulement à cette condition.

Deux souvenirs me reviennent aujourd'hui en mémoire. Le premier remonte à l'époque où je travaillais comme psychologue dans la première Unité des soins palliatifs créée en France. L'une des chambres du service était occupée par un vieil aventurier, grand voyageur, grand solitaire, venu terminer là les derniers jours que son cancer lui donnait encore à vivre. Je me souviens de lui comme d'un homme assez abattu, somnolant presque toute la journée, tandis que sa compagne lisait dans un fauteuil, à son chevet. Un soir, sa fille est venue lui présenter son petit-fils, un bébé de quelques semaines, dont elle venait d'accoucher. Elle s'est assise sur le bord du lit, et lui a tendu l'enfant. Ce dernier avait les yeux grands ouverts, dans une expression d'étonnement indicible. J'ai vu le vieil homme se redresser dans son lit, son regard s'allumer. Nous avons assisté ébahis à un dialogue des yeux, muet mais d'une intensité rare, entre ce grand-père et son petit-fils. Tous les deux jubilaient. Aucune scène n'aurait pu mieux me convaincre de la force du lien intergénérationnel, et de la joie qu'il procure.

Le second est plus récent. Il y a quelques années, je remontais en voiture depuis le sud de la France, avec, à mes côtés, mon petit-fils Gabriel, alors âgé de 7 ans. Nous venions de passer l'après-midi dans la maison de ma famille maternelle et il m'interrogeait sur toutes les personnes qu'il avait rencontrées, oncles, tantes, cousins. Une famille nombreuse dont il percevait la chaleur et la diversité. Il avait senti combien ma propre mère était heureuse d'être ainsi entourée d'une grande descendance. « Toi, Mamouchka, tu auras beaucoup d'arrière-petits-enfants ? Tu seras là à mon mariage ? » Je lui ai répondu alors que j'espérais de tout mon cœur voir ce jour de mon vivant. Très sérieusement, et posant sa main sur mon genou, il a alors affirmé : « Tu seras là ! » J'ai été profondément remuée par sa réponse.

Ces deux souvenirs très personnels m'ancrent dans la conviction que la seule réponse aux angoisses qui agitent notre monde, quand nous pensons au vieillissement de la population, réside dans le soin que nous prendrons tous, à chaque génération, du lien qui nous unit.

En lisant les propos tenus par la génération de nos enfants, dans la première partie de cet ouvrage, j'ai d'abord été choquée par la violence de certaines paroles, qui pourraient venir étayer la thèse d'un conflit de générations. Et puis, très vite, avec l'arrivée d'autres témoignages pleins d'amour et de respect, émouvants, sincères, j'ai senti que le lien entre les générations était toujours vivant. On sent même une maturité surprenante chez cette génération, qui n'a pas la vie facile, et qui pourtant porte encore très haut les valeurs de solidarité sur lesquelles notre société est fondée. Dans son ensemble, elle n'a pas l'intention de nous abandonner. Elle nous le dit. La générosité de nos enfants se montre parfois un peu naïve, lorsqu'ils se disent prêts à nous accueillir chez eux, car je ne suis pas persuadée que ce soit une bonne chose, ni pour eux, ni pour nous. D'autres sont plus réalistes et semblent conscients des difficultés auxquelles ils seront confrontés. Ils voudraient nous éviter la maison de retraite, dont ils ont une mauvaise image, et se demandent dans quel lieu nous allons vieillir et comment ils vont financer notre grand âge, sans mettre leur propre vie en danger. Ce sont de vraies inquiétudes, peut-être d'autant plus angoissantes qu'elles touchent à des questions sur lesquelles ils sont souvent mal informés et qui restent taboues.

Mais derrière ces questions matérielles se cache plus profondément celle du lien affectif qu'ils ont noué et nourri avec leurs parents. Un lien souvent ambigu et contradictoire. S'il est bon, ils feront quelque chose pour eux, même s'ils ne savent pas quoi ni comment ; s'il est mauvais, l'idée de s'occuper de leurs parents provoque chez eux une remontée brutale d'affects, d'angoisse et d'amertume. Pourquoi s'occuper d'une génération égoïste, « riche et bien portante » ? Pourquoi, au fond, s'occuper de ses parents si, de surcroît, on ne s'entend pas avec eux ? Y a-t-il un devoir de soutien ? N'est-ce pas à la société de le faire ? Dans ce mélange de sentiments contradictoires, je sens tout de même l'idée que quelque soient les torts des parents – lorsque la mère a abandonné le foyer, par exemple – les enfants leur restent redevables de leur avoir donné la vie. Tout cela suscite finalement beaucoup de culpabilité.

Nous voilà devant toute une série de questions qui appellent le dialogue.

J'ai donc soumis les témoignages de cette génération à la réflexion de quelques-uns de mes contemporains, les invitant à y réagir. Ils l'ont fait volontiers, car ils sont conscients de l'urgence de sortir des non-dits, et de briser les tabous qui pèsent sur le grand âge. Il faut que nos générations se parlent. Car derrière ces inquiétudes, c'est l'image même du vieillir et de la grande vieillesse qui est questionnée. Est-ce une chance de vivre plus longtemps ou une charge pour les autres ? Est-il possible de construire une autre image plus positive du vieillissement ? Entre les lignes, je lis que nos enfants nous demandent de bien vieillir et d'anticiper les maux du grand âge, en quelque sorte de les prévenir. Ils ont raison, nous pouvons faire beaucoup pour vieillir le mieux possible. Nous savons que notre responsabilité est de les aider à nous aider, afin de rendre plus léger le fardeau qui pèsera peut-être un jour sur leurs épaules. Comme l'a dit le philosophe Robert Misrahi, ce serait de notre part un don, celui d'une *maturité heureuse*, pour reprendre son expression. Ainsi, lorsqu'ils seront vieux à leur tour, ils se souviendront qu'il est une manière de vivre son avancée en âge comme une ouverture et non comme une fermeture, quel que soit l'état dans lequel on se trouve.

Des fantasmes et des clichés

Je n'arrive pas à me projeter.

Lorsque je viens lui parler de l'enquête qui vient d'être faite auprès des 35-45 ans, Robert se demande sincèrement comment nos enfants peuvent se projeter dans vingt ou trente ans. « D'accord ! L'actualité les y incite, mais ils le disent eux-mêmes, ce qu'ils feront, ils n'en savent rien ! Pas étonnant que ces questions de dépendance et de grande vieillesse les angoissent ! » Il avoue qu'il comprend d'autant mieux que lui-même, à son âge, n'arrive pas à se projeter. Son père est mort à seulement 60 ans et sa mère s'est éteinte rapidement d'un cancer à 78 ans. Il n'a donc pas l'expérience d'un parent très âgé et dépendant. « Moi, quand je croise des vieillards courbés, tremblotants, marchant mal, je me dis que je vais droit dans cette direction, mais je n'arrive pas à me projeter, parce que pour le moment je marche. Quand tu peux courir, sauter et regarder les filles, tu n'imagines pas marcher un jour à petits pas avec une canne ! »

D'allure très élégante, grand, mince, le visage anguleux, presque toujours hâlé, qu'éclairent des yeux bleus pleins de bonté, ce peintre de 65 ans se sent plein de vie et de projets. C'est peut-être parce qu'il a la chance d'exercer une activité pour laquelle il n'y a pas de retraite, et qui l'épanouit, qu'il n'est pas trop inquiet de vieillir. Il continuera à peindre tant que ses mains pourront le faire. En l'écoutant parler de sa difficulté à se projeter dans un avenir forcément sombre à ses yeux, je me sens ramenée quinze ans en arrière, à l'époque où, travaillant dans une unité de soins palliatifs, j'entendais des mourants me dire : « Je sais que je vais mourir, mais je n'y crois pas ! » Nous sommes ainsi faits : nous pouvons savoir une chose rationnellement, et en même temps ne pas y croire. Freud avait très bien décrit ce mécanisme de défense dès 1938 dans un texte intitulé *« Le clivage du Moi »*. Un authentique clivage, qui aboutit au cheminement parallèle de deux pensées contradictoires. Ce n'est pas a priori un déni, car une partie du Moi est consciente de la réalité, mais l'autre est immergée dans le présent de la vie.

Ainsi, lorsque je lis les témoignages de cette génération, je perçois le même clivage chez eux. Ils savent, rationnellement, que dans vingt ou trente ans, si nous sommes encore en vie, nous serons de très vieilles personnes fragiles qui auront besoin des autres, surtout d'eux et de leurs propres enfants. Mais pour le moment, ils nous voient trotter de par le monde, encore plus actifs peut-être que nous ne l'étions avant notre retraite. Ils nous voient pleins d'énergie, faire des projets, parfois recommencer une vie amoureuse, reprendre une nouvelle activité, apprendre une langue. Cette seconde jeunesse suscite en eux des sentiments ambivalents. Quand ils ont une bonne relation avec nous, ils sont heureux pour nous et cela les rassure ; s'ils ont des comptes à régler avec nous, ils disent leur irritation et ils nous traitent d'*immatures* et d'*égoïstes*.

Finalement, le déni nous arrange.

« En fait, reprend Robert, derrière ce comportement adolescent qui nous est parfois reproché, se cache notre grande peur de mal vieillir ! » Robert m'avoue alors que sa plus grande crainte est de sombrer dans la maladie d'Alzheimer, de perdre la tête. L'ayant souvent observé au sein d'un groupe de seniors intéressés par la philosophie, j'ai remarqué combien la vie de l'esprit compte pour cet homme. Il lit beaucoup, assiste à des conférences, s'intéresse à la musique, aux grands enjeux spirituels de notre temps. On le sent ouvert et engagé. Aujourd'hui, alors que nous parlons ensemble des craintes exprimées par la génération de nos enfants, je le sens particulièrement attentif. Nous parlons de ce mode de défense, de cette façon de mettre à distance une réalité qui nous fait peur. C'est pour cela que nous avons du mal à en parler et qu'il y a tous ces non-dits ! C'est pour cela que nos enfants nous reprochent d'esquiver le sujet et de nous dérober, alors qu'au fond ils aimeraient que nous en parlions avec eux !

« Finalement, le déni nous arrange », dit Robert. Nous sommes tout à fait conscients, lui et moi, du piège dans lequel notre génération s'enferme si elle continue à refuser de vieillir, et si elle se voile la face. « Le jeunisme n'est pas la solution. Faire comme si on avait l'âge de nos enfants, trente, quarante ans, c'est finalement assez pathétique ! » Bien sûr, nous convenons que nous pouvons essayer de prolonger le plus possible notre jeunesse. Tout faire pour rester en bonne forme physique et mentale, c'est un devoir ! Mais la vieillesse nous rattrapera de toute façon. En refusant de regarder ce qui nous attend, en évitant d'en parler avec nos enfants, nous nous préparons un avenir difficile. Nous basculerons peut-être brutalement dans la « mauvaise vieillesse », dans l'aigreur et le désespoir. Ce que nous ne voulons surtout pas ! Nous sommes d'ailleurs nombreux à avoir compris que la meilleure manière de bien vieillir était d'accepter l'évolution des choses. Les rares personnes qui nous renvoient une image positive de la vieillesse sont toutes des personnes qui ont pris leur vieillissement à bras le corps au lieu de le nier. Elles nous montrent que l'on peut rester jeune intérieurement sans être dans le déni du vieillissement. Nous sommes quelques-uns à prendre la mesure de notre responsabilité : ne pas se laisser impressionner par cette mauvaise image de l'avancée en âge, et montrer que l'on peut vivre les choses autrement, d'une manière positive et féconde.

L'image de la vieillesse-naufrage,
c'est notre œuvre.

Les témoignages recueillis par Édouard le montrent : nos enfants observent attentivement la façon dont nous vieillissons. Ils louent les efforts que nous faisons pour rester alertes et ouverts, notent au contraire avec angoisse que la vieillesse est mal vécue, amère, plaintive, accompagnée d'un laisser-aller et d'un renfermement. Le mot « indignité » revient souvent, comme les termes « poids », « charge », ou encore l'adjectif « glauque ». Le mot « sage » n'est évoqué qu'une fois, par Murielle. Quelle image leur renvoyons-nous de l'âge ? Il faut bien l'admettre, cette image ne donne pas envie de vieillir.

Je me souviens de ma stupéfaction lorsqu'en prenant l'autobus j'ai découvert une immense affiche [5] sur laquelle je voyais un petit garçon, les joues écrasées par la paire de mains calleuses, rêches, tentaculaires de sa grand-mère. À côté, on lisait : « Les frites de Mamie sans aller voir Mamie. » Comme si les visites du dimanche chez grand-mère étaient forcément une corvée ! Le pincement de joue amical devenait ici une torture lisible dans les yeux de l'enfant. Le tout était campé dans un décor vieillot et froid ! Comment pouvons-nous accepter sereinement de vieillir, quand on voit la manière dont nos publicitaires traitent la vieillesse et les vieux ?

Aujourd'hui j'ai la même réaction. Une amie photographe, Valérie, venue prendre un café chez moi, brandit avec indignation les photos qu'elle vient de prendre dans la rue. De nouveau, sur les panneaux publicitaires, aux carrefours des rues, on caricature la vieillesse. On y voit des corps d'adolescents surmontés de visages de vieillards horribles, boursouflés, déformés, au

5. Publicité de Findus.

regard triste et vide. À côté de ces images repoussantes, on lit : *Ne vieillissez pas trop vite !*[6]

« Comment veux-tu que nous acceptions de vieillir, quand on nous matraque avec l'idée que vieillir est affreux ? » s'est-elle exclamée. « Quel message notre société envoie-t-elle à nos jeunes ? » J'ai lu, ensuite, que seule la mairie de Clichy avait réagi en supprimant les publicités. Valérie me raconte qu'elle a téléphoné à sa fille, âgée de 35 ans, pour lui dire combien elle était choquée. Mais sa fille lui aurait alors rétorqué sèchement : « C'est vous qui êtes responsables de ce racisme anti-vieux ! Maintenant que tu deviens vieille, cela te panique ! » Je la sens blessée par cette remarque, et pourtant je crois qu'il y a du vrai. C'est bien notre génération qui a fondé toutes ces valeurs sur la jeunesse, la santé, la capacité d'agir, de réussir, d'être utile et performant. L'image d'une vieillesse-naufrage, c'est notre œuvre. Nous sommes pris à notre propre piège ! Je lui raconte alors comment l'une des journalistes[7] venues suivre un de mes séminaires sur « l'art de vieillir » s'est vu refuser par tous les magazines féminins auxquels elle l'avait proposé

6. Publicité de Virgin Radio.
7. Pascale Senk, aujourd'hui journaliste au *Figaro*.

le reportage qu'elle avait écrit sur la manière optimiste dont des hommes et des femmes de 55 à 70 ans envisageaient leur vieillissement. Les rédactrices en chef de ces journaux l'avaient félicitée du contenu de son article mais lui ont fait comprendre que leurs annonceurs publicitaires n'accepteraient pas qu'une publicité « anti-âge » côtoie un article sur le « vieillir conscient » : c'était incompatible ! « Les femmes ont besoin qu'on les fasse rêver », lui ont-elles dit. « Elles ne sont pas encore assez mûres ! » Cette dernière remarque l'avait fait bondir ! En tous les cas, ces réactions en disaient long sur l'interdit de vieillir qui nous est signifié. Elle avait alors envoyé au journal *Le Monde* une tribune avec ce titre : « Mesdames, vous vieillirez aussi ! »[8] Nous mesurons le chemin qui nous reste à parcourir pour faire évoluer l'image du vieillissement.

8. *Le Monde*, 1er novembre 2009.

L'héritage de Mai 68
n'est pas à jeter à la poubelle.

Lorsque j'ai lu le réquisitoire assez sévère que Marc et Lisa portent à l'encontre de ma génération, je suis allée en parler à Richard. Nous nous connaissons depuis l'âge de 18 ans. Nous étions étudiants et je lui donnais alors des cours d'anglais. Il est maintenant marié et il a quatre enfants et plusieurs petits-enfants, dont sa femme et lui s'occupent beaucoup, les prenant chez eux plusieurs soirs par semaine, les emmenant en vacances. Sans doute parce qu'il a le sentiment de beaucoup faire pour ses enfants, il trouve assez injuste le procès que ces jeunes font sans ménagement à notre génération : « Oui, d'accord, nous avons été très gâtés, nous avons eu les Trente Glorieuses, nous avons connu une très forte croissance, le climat euphorique du plein emploi, la libération des mœurs ! Oui, nous avons pu accéder à la propriété beaucoup plus facilement qu'ils ne peuvent le faire aujourd'hui ! Oui, nous avons vécu un âge d'or qu'ils ne connaîtront pas ! Nous sommes la première – et peut-être la dernière – génération à vivre à 65 ans avec autant d'argent et autant de bonheur ! Et alors ? Peut-on nous le reprocher ? » Je lui fais remarquer que ce que nos enfants nous reprochent c'est de leur laisser une planète en mauvais état et une dette colossale. Ils savent très bien que nous allons vers un appauvrissement et des sacrifices. Ils auront à travailler plus tard, n'auront peut-être pas de retraites, et devront se serrer la ceinture. « Mais qu'auraient-ils fait à notre place ? Dis-le-moi ! Ce n'est pas un bon procès. On sent l'envie, la jalousie dans ces propos. Ils ne voient même pas ce qu'il y a de positif dans le monde que nous leur laissons. Pour notre génération qui a perçu, à travers le silence de ses parents, le poids de la guerre, des privations et des deuils, leur léguer une Europe sans guerre, qui a su surmonter les blessures du passé, c'est immense. Non ? »

Je le sens assez remonté contre ces critiques qu'il trouve vaines, car chaque génération a ses défis, ses chances et ses handicaps. Plutôt que de noircir la nôtre, pourquoi ne pas voir ce qu'elle a apporté ? Nous convenons que notre génération a fait sauter d'innombrables verrous et que nos enfants profitent largement de cette plus grande liberté de mœurs et de parole. Ils peuvent aujourd'hui mener leur vie de façon plus autonome et plus créative, dégagés des gangues du conformisme familial, religieux, social, qui ont souvent paralysé et écrasé nos parents. « Tout l'héritage de Mai 68 n'est tout de même pas à jeter à la poubelle ! » s'exclame Richard. Nous voilà en train de dresser le catalogue de toutes les libertés que nous avons conquises alors. « Moi, j'avais 22 ans, et une petite fille d'un an, ai-je repris. Je me souviens qu'à l'époque, une femme sur deux seulement travaillait. Nous étions loin d'être autonomes, puisque les femmes ne pouvaient pas ouvrir de comptes bancaires sans l'autorisation de leur mari. Les divorces étaient compliqués, on prescrivait peu la pilule, l'avortement était interdit. L'autorité parentale était confiée seulement au père. Je me souviens que les hommes participaient peu aux tâches ménagères et à l'éducation des enfants. Au fond, Mai 68 a libéré les femmes et démocratisé les rapports à l'intérieur du couple, au sein des familles et des entreprises, et on ne reviendra pas en arrière. »

Nous sommes indissolublement
égoïstes et altruistes.

Nous acceptons difficilement de lire que nos enfants nous taxent d'égoïsme. Nous avons l'impression de les avoir beaucoup gâtés, au contraire. Peut être trop, car nous en avons fait des consommateurs habitués à jeter tout ce qui n'est pas du dernier cri. Richard me raconte les monceaux de cadeaux de Noël que chacun de ses petits-enfants trouve chaque année au pied du sapin. Ces petits, élevés dans cette frénésie d'achat, ne reprocheront-ils pas à leur tour à leurs parents de les avoir conditionnés à consommer toujours plus ? « Non décidément, le reproche d'égoïsme ne passe pas ! » Lui comme moi, comme beaucoup de seniors autour de nous, nous avons le sentiment de faire beaucoup pour aider nos enfants, matériellement, financièrement et affectivement. Certes, il y aura toujours des exemples de gens qui privilégient leur liberté et leur bien-être, et « s'éclatent » au détriment des générations plus jeunes.

On m'a rapporté récemment le cas d'un homme qui vient de divorcer à 65 ans, après avoir rencontré une jeune femme de 45. Il s'est acheté une petite maison en Grèce, pour y filer son amour tranquillement. Pour être sûr que ses enfants n'auront pas la velléité de s'inviter pendant les vacances, il a choisi une maison avec une seule chambre ! Mais ce genre d'histoire n'est pas significatif. Nous connaissons beaucoup de personnes de notre âge qui assument une double responsabilité, celle d'un parent fragile, ayant perdu son autonomie, et celle d'un enfant qui peine à trouver sa place dans la vie, et qu'il faut héberger et aider financièrement. On voit donc de tout. Des gens indifférents et préoccupés d'eux-mêmes, et des gens dont le principal souci est de contribuer au bonheur de leurs enfants.

En parlant ainsi à bâtons rompus avec Richard, je pense à cette chronique de Luc Ferry, dont le titre[9], « Égofraternité », avait attiré mon attention lors de sa parution dans *Le Figaro*. « Nous sommes indissolublement égoïstes et altruistes, soucieux comme jamais de notre bien-être individuel, et cependant convaincus qu'il y a parfois plus de joie à donner qu'à prendre, à partager qu'à accumuler. » C'est une bonne définition de l'ambivalence qui nous caractérise. Elle nous invite à sortir des clichés de *la pensée molle*[10], notamment celui qui oppose une génération de « seniors égoïstes » à une soi-disant « génération sacrifiée ».

9. Dans sa chronique du *Figaro* datée du 14 octobre 2010.
10. Expression utilisée par Luc Ferry dans une autre de ses chroniques.

Le grand public me paraît souvent en retard d'une guerre.

Un autre cliché mérite qu'on lui fasse la peau. Celui d'une génération qui aurait inventé les maisons de retraite pour y abandonner ses parents vieillissants. Il est vrai que l'évolution sociologique, avec l'éparpillement des familles, le travail des femmes, l'exiguïté des logements, a conduit la génération d'après-guerre à construire des maisons de retraite, dans l'esprit des asiles pour vieux, dont la fonction était d'accueillir les personnes âgées démunies et isolées, mais il est faux d'en conclure une volonté d'abandon.

Pour la plupart des enfants contraints de « placer » un parent en maison de retraite, il s'agit d'une décision douloureuse, pétrie de culpabilité, prise dans l'urgence ou au terme d'une cohabitation devenue trop pénible. Longtemps, ces maisons ont eu très mauvaise réputation. C'était des établissements vétustes, avec des chambres à trois ou quatre lits, un personnel insuffisant et parfois maltraitant. Cela sentait la mort et on s'y ennuyait. Y entrer, c'était le signe du déclin et de la fin.

Aujourd'hui, ces maisons se sont clairement modernisées [11], mais comme le dit Geneviève Laroque, « le grand public me paraît souvent en retard d'une guerre. Il voit encore les choses telles qu'elles étaient il y a vingt ans. » On n'a pas idée, dit-elle, de la transformation vécue en trente ou quarante ans ! « Les salles de quarante lits étaient monnaie courante, les établissements étaient moches, les médecins aussi... enfin statistiquement, bien sûr, parce qu'il y a toujours des gens épatants, et le pire également ! [12] » Il a

11. Depuis la loi du 2 janvier 2002, venue imposer aux établissements de nouvelles normes.

12. Citée par Rosemarie Van Lerberghe, *Vivre plus longtemps*, Le Cherche Midi, 2011.

fallu vingt ans pour détruire les anciens bâtiments et arriver à la chambre individuelle avec sanitaires.

Il y a un vrai décalage entre ce que sont devenues les maisons de retraite et la perception qu'on en a encore. Pourquoi alors gardent-elles une si mauvaise image ?

Un ami, Pascal Champvert[13], qui dirige depuis vingt-cinq ans une maison de retraite publique à Saint-Maur-des-Fossés, d'excellente réputation, a son idée sur la question. Je viens de faire le tour de son établissement et je me dis que je pourrais entrer dans une maison comme la sienne et y être bien. Pascal pense que ce décalage de perception vient de ce que les maisons de retraite ne se sont pas toutes modernisées au même rythme. Il y a de fortes disparités de confort, de prix, de ratio et de formation des personnels. Ensuite, nous sommes devenus extrêmement exigeants sur le plan humain. Une attitude qu'il approuve, car cette exigence pousse les établissements à s'améliorer. On reconnaît aujourd'hui comme de la maltraitance ce qui était la banalité du quotidien, il y a quelques années. Cette exigence croissante de respect, de

13. Président de l'AD-PA, Association des Directeurs d'établissements pour Personnes âgées dépendantes.

qualité relationnelle s'exprime de plus en plus chez les résidents et leurs familles. Lorsqu'il est arrivé, très jeune directeur, Pascal a commencé par faire un premier audit auprès du personnel. Il se souvient de ce psychiatre vacataire qui lui a dit à propos de l'initiative : « C'est bien ! Maintenant, il faudrait que ce soit les vieux qui s'expriment. » Alors Pascal a lancé un deuxième audit auprès des résidents. Aujourd'hui la Résidence de l'Abbaye est une institution vivante, avec une vraie participation de tous : ainsi, il y a un Comité des familles et un Comité des résidents, tous les deux très actifs.

Lorsque nous cherchons une maison de retraite pour un parent, parce qu'il n'y a pas d'autre solution, nous faisons surtout attention à cet aspect humain. Bien sûr, nous cherchons d'abord une maison qui ne soit pas trop éloignée géographiquement de la famille. « Plus la route est longue, moins les visites sont fréquentes », constate la journaliste Florence Deguen dans un reportage[14] destiné à aider les familles à faire le bon choix. Elle préconise ensuite d'aller y faire une visite surprise. « Tout compte : l'atmosphère, l'humeur

14. « Comment ne pas se tromper ? », Florence Deguen, *Le Parisien*, 9 février 2010.

du personnel, et l'odeur de propreté. Une pièce rutilante qui transpire l'ennui doit moins vous inspirer qu'un salon plus modeste où la vie respire. » Elle recommande aussi de s'assurer de la formation reçue par le personnel – est-il formé à la « bien-traitance ? » –, de l'organisation des équipes – combien de soignants sont présents aux heures clés ? –, et enfin de vérifier que l'établissement n'a pas fait l'objet d'un signalement négatif pour maltraitance ou manque d'hygiène.

Prendre un parent chez soi, c'est utopique !

Nous sentons tous, parmi ma génération, que si nous devenons dépendants dans notre grand âge, la maison de retraite sera notre dernière demeure. Même si 92 % d'entre nous souhaitent finir leur vie chez eux, il y a un moment où cette solution deviendra tellement onéreuse que l'entrée en institution médicalisée s'imposera. La question sera alors d'anticiper cette étape de la vie et de choisir une bonne maison de retraite ou un habitat qui permettra l'accompagnement dont nous aurons besoin.

Cette perspective ne nous réjouit pas. Certains disent même préférer mourir que d'en arriver là. Cela révèle l'horreur que nous inspirent – à tort, je le sais maintenant – ces résidences pour personnes âgées. Nos enfants, percevant notre angoisse, imaginent généreusement pouvoir nous accueillir chez eux. Ils sont nombreux à se déclarer prêts à le faire, même dans un logement exigu. Je ne sais si c'est l'amour, la culpabilité ou la peur de trahir la promesse faite un jour de ne jamais « placer » en maison de retraite qui leur dicte cette intention, mais je crois sincèrement que ce n'est pas réaliste.

Je parle de cela, ce soir, avec un ami de longue date, Patrick. Il a une grande expérience de ce que les familles vivent au contact de parents dépendants, et il s'est toujours beaucoup investi dans des projets d'habitats voués à les accueillir. J'aime sa façon à la fois réaliste et humaine de voir les choses. « Que penses-tu de tous ces jeunes qui disent être prêts à prendre leur père ou leur mère chez eux, plus tard ? » Sa réaction est catégorique : « Prendre un parent chez soi, c'est utopique ! » Il s'explique : les valeurs que nous avons développées, ici en Occident, telles que l'épanouissement personnel, la liberté, l'autonomie, ne sont plus compatibles avec le fait de garder à domicile des parents âgés et dépendants. Plus personne ne vit aujourd'hui avec ses parents. La structure familiale d'il y a seulement cent ans n'existe plus. « Ce serait vraiment étrange, alors que l'on a vécu toute sa vie séparé d'eux, que l'on soit amené à reprendre chez soi des parents dépendants ! » Notre société s'est adaptée à ce changement. Elle a remplacé les services que les gens se rendaient à l'intérieur d'une famille par tout un catalogue d'offres de services proposé aux personnes dépendantes. « Les services d'aide à la personne, les techniques comme la domotique, les familles d'accueil en milieu rural, les institutions médicalisées ne sont en fait que le prolongement des services fournis autrefois par la famille. »

Patrick est convaincu que ce progrès n'est pas négatif. Il devrait permettre au contraire un renforcement du lien affectif. Mon ami psychiatre fait ainsi écho à la question que pose Pierre, dans les témoignages que j'ai lus : « Pourquoi ne pas se servir de ce qui existe, pour développer un lien de qualité ? Pourquoi s'en priver ? » Ce jeune homme a compris que l'on peut alors « voir son parent sous un autre jour, dans un contexte débarrassé de ce qui est contraignant » et avoir un lien affectif fort. Aujourd'hui, beaucoup d'aidants naturels s'épuisent à des tâches ingrates et pénibles, par fidélité affective, mais en fin de compte, ils sont si fatigués parfois qu'ils ne tirent rien de bon de cette situation. Cet épuisement physique et psychique peut conduire à de l'exaspération, de la violence, et des conduites abusives dont les questions d'argent ne sont pas absentes.

Cela fait du bien d'entendre enfin un écho positif sur l'évolution de la société, au lieu de ces sempiternels regrets de ce qui se faisait autrefois. Certains ont la nostalgie des grands espaces familiaux dans lesquels toutes les générations se retrouvaient. « Il faut un lieu, un univers familial », s'écrie Paul, qui trouve qu'on « ne va pas voir ses ainés de la même façon dans une maison de retraite que dans une maison de famille. » Mais ce monde-là est fini ! Il faut tourner la page, affirme Patrick, les maisons de famille, c'est bon pour les vacances, et encore ! « Regarde ! On a créé de nouveaux espaces, dans lesquels on prend soin de la personne âgée, on s'occupe de l'intendance, elle est en sécurité. Grâce aux nouvelles technologies, on peut mettre en lien unc personne âgée dépendante avec un de ses petits-enfants où qu'il soit dans le monde, et tous les jours ! D'ici cinq ans, il y aura des postes informatiques dans chaque chambre.

Grâce à Internet, à Skype, aux photos numériques, les générations pourront dialoguer. » Patrick en est convaincu : « la technologie n'est pas là pour déshumaniser mais pour accompagner et maintenir des liens forts ». Ce sera le grand défi des années à venir : ne pas opposer la technologie et l'humain, mais se servir de la première pour renforcer le second.

Il y a beaucoup d'idées fausses autour de la dépendance. Les gens projettent leurs fantasmes. « Il faut absolument que nous en parlions autrement », poursuit Patrick. Nos enfants en ont une idée lointaine, déformée, et forcément caricaturale. Sauf bien sûr des gens comme Jean qui, s'occupant de ses deux tantes atteintes de la maladie d'Alzheimer, peut se permettre de dire que cette expérience « le rend certainement moins con » que s'il n'avait à s'occuper que de lui.

Ce que vivent vraiment les très vieux, seuls ceux qui s'en occupent au quotidien peuvent en parler. Et quand on les écoute, c'est tout un paysage inconnu qui s'ouvre. « Mon expérience m'a montré que ce n'est pas si dramatique qu'on le dit, raconte Patrick. Par exemple, les réactions à l'entrée en maison de retraite sont très variables. Pour certains, c'est l'horreur absolue, parce que cela leur rappelle des mauvais souvenirs de pensionnat, et s'ils ne s'adaptent vraiment pas, il faut avoir le courage de revenir en arrière et de chercher une autre solution. Pour d'autres, cela peut au contraire raviver des souvenirs agréables, de vacances en club ou en colonie. » Il ne faut pas généraliser. Patrick me fait remarquer que ce qui se passe au moment du « placement » dépend de ce que les enfants ont vécu quand ils étaient petits. Pour ceux qui ont une histoire affective difficile, celle-ci n'est jamais terminée. Ils vont se sentir coupables et s'impliquer outre mesure ou alors prendre la fuite et ne jamais venir voir leur parent. Pour ceux qui ont une bonne relation, une relation apaisée, le placement ne pose pas de problème. Les enfants ne se sentent pas coupables d'avoir eu à « placer » leur parent, ils viennent régulièrement le voir, ils amènent les petits-enfants. Les choses se passent paisiblement, avec de l'affection et de la tendresse partagées.

Quand je demande à Patrick comment il envisage les choses pour lui-même, s'il devenait dépendant dans son grand âge, il me répond qu'il accepterait tout à fait d'entrer dans une institution. « Je ne suis pas inquiet. Je connais la musique. Je voudrais que mes liens affectifs persistent. Je ne veux pas peser sur mes enfants, mais pouvoir m'émerveiller de ce que mes petits-enfants peuvent devenir, sentir l'éveil et l'émerveillement de la vie. J'ai l'image d'une extinction douce et progressive. J'ai confiance dans mes capacités à m'adapter. »

La dépendance ne sera pas un problème aussi lourd qu'on le laisse penser aujourd'hui !

On a l'impression que l'allongement de la vie [15] va représenter un fardeau insupportable pour la société. Je crois que nos enfants n'aiment pas trop y penser, mais dès qu'on les pousse dans leurs retranchements, on se rend compte que la perspective de se retrouver avec une charge trop lourde à porter sur leurs épaules rencontre en miroir celle que nous avons de peser sur eux.

15. Il y a deux siècles, l'espérance de vie moyenne était de 38 ans. Aujourd'hui, elle est de 84,5 ans pour les femmes et 77,8 ans pour les hommes.

On a beaucoup prédit ces dernières années l'arrivée d'un « tsunami » de la maladie d'Alzheimer, avec 220 000 nouveaux cas par an. On nous a prédit que bientôt il n'y aurait pas une famille épargnée en France. Jacques Attali dénonce aujourd'hui ce catastrophisme : « Il faut sortir du fantasme. Sortir de l'idée que notre société va devenir une société alzheimerisée ! C'est totalement faux ! Il n'y a pas un médecin sérieux qui le pense. » J'ai voulu avoir son avis, et je suis allée le retrouver un matin dans ses bureaux. Après tout, il appartient à ma génération et pense brillamment notre avenir.

« L'extraordinaire bonne nouvelle, c'est que la société ne vieillit pas, elle va vivre plus longtemps ! À 80 ans, les hommes auront des enfants, les femmes peut-être aussi… On est parti pour une évolution radicalement nouvelle. » Jacques Attali me fait remarquer alors que les sciences nouvelles – la génomique, la nanotechnologie, et les neurosciences – sont exactement au niveau auquel était l'informatique en 1975. « Et il y a une accélération extraordinaire du progrès de ces sciences. Tout cela laisse à penser que la menace de la dépendance, c'est un fantasme ! »

« La dépendance ne sera pas un problème aussi lourd qu'on le laisse penser aujourd'hui ! »

Jacques Attali me fait remarquer que nous assistons à un « matraquage de la droite pessimiste qui joue sur les peurs et un catastrophisme facile : la population vieillit, donc elle va peser sur les jeunes ! C'est faux ! La dépendance n'est pas du tout un problème majeur ! C'est une peur qu'on agite parce qu'elle permet aux pouvoirs publics de prétendre rassurer : si vous dites "le principal problème est un problème que je peux résoudre", vous rassurez ! Il laisse de côté toute une série de problèmes beaucoup plus compliqués à résoudre. »

Je suis heureuse de l'entendre confirmer ce que mes amis gériatres disent à tous leurs patients vieillissants. Nous allons vivre plus longtemps, mais cet allongement de notre vie sera une vie en bonne santé. Si dépendance il y a, elle sera courte et très tardive.

Je pense alors, en l'écoutant, à tous les articles scientifiques que j'ai pu lire ces dernières années sur les miracles susceptibles de prolonger notre vie : pilules intelligentes, puces implantées sous la peau, que sais-je encore ? Dans quelques années, lisait-on, on remplacera nos organes défectueux comme on change les pièces d'une voiture usée. On nous proposera des contrats d'entretien. Ou bien, on reconstituera nos organes à partir de cellules souches d'embryons humains, ou de cellules de peau que l'on transformera en « cellules spécialisées ». Cette technique d'ingénierie tissulaire représente, selon les scientifiques, un immense espoir. Je trouve cela fascinant et effrayant à la fois.

Nous ne vieillirons pas
comme nos parents.

Nous allons donc vivre plus longtemps, et si nous vieillissons, « nous ne vieillirons pas comme nos parents ! » Il est parfois difficile de l'imaginer. Et pourtant c'est un fait. Olivier de Ladoucette, un des meilleurs experts en gériatrie, l'affirme. Nous avons fait des choix de vie différents, nous avons une autre façon de nous nourrir, de faire du sport, nous disposons d'un accès aux soins qui n'existait pas à leur époque. « Notre façon d'appréhender les problèmes, l'importance que nous accordons aux loisirs, au bien-être, au fait de se faire plaisir, n'est pas la même. Nos parents ont connu la guerre, se sont souvent mal nourris, ont tous fumé, ne faisaient pas de sport. Nous gérons nos émotions et notre stress différemment, car nous sommes la génération qui a développé les sciences humaines, qui a découvert les psychothérapies. » Nous savons, par exemple, qu'en vieillissant, notre psychisme évolue, que nous pouvons voir les choses sous un angle différent, continuer à faire des découvertes, à apprendre. Nos parents avaient l'image d'une vieillesse sclérosée. Freud ne disait-il pas qu'au-delà de 50 ans, ce n'était pas la peine d'entreprendre une analyse ? Tout cela nous conduit à penser que notre manière de vieillir sera différente. Mais cela ne veut pas dire que nous vieillirons tous bien, pour autant. Il dépend de nous, en effet, de « travailler » à bien vieillir, plutôt que de nous laisser aller, en subissant les assauts de l'âge, ou en refusant de vieillir.

« Vieillir, c'est un travail difficile qu'il faut mener joyeusement. » Ainsi cet ami gériatre résume-t-il la tâche que notre génération doit mener. Nous avons le choix : nous pouvons vivre notre vieillissement comme une fermeture, comme un naufrage, ou comme une ouverture et une croissance. J'observe, en effet, puisque j'ai l'occasion d'animer régulièrement des séminaires sur « l'art de vieillir[16] », que

16. Séminaires organisés par le groupe Audiens.

notre génération se mobilise. Aurions-nous vu, il y a seulement dix ans, des hommes et des femmes du troisième âge consacrer une semaine de leur temps pour pouvoir réfléchir ensemble aux bonnes pistes à prendre pour se donner toutes les chances d'un vieillir épanoui et heureux ? Je ne le pense pas. Cette soudaine prise de conscience de notre génération est un signe encourageant. Nous ne voulons pas être un poids pour nos enfants. Cela nous oblige à « vieillir heureux ».

C'est ce que clame aussi ce vieil habitant de Die, que je rencontre à l'issue d'une conférence sur la chance de vieillir. Grand et maigre, le visage buriné par la vie, cet homme de 78 ans prend le micro et plante son regard vif dans le mien. Il veut me convaincre d'une chose : son grand âge est une chance ! Il bénit, me dit-il, tous les jours, la chance d'être encore en vie et en bonne santé. « Je fais constamment des expériences nouvelles, je ne vis plus de la même façon. Je vois les autres sous un autre jour, je prends le temps de regarder, ce que je ne faisais pas quand j'étais plus jeune. En fait, je gagne en dedans ce que j'ai perdu au-dehors. » Le soir, lors du bal populaire qui a clôturé nos rencontres, je l'ai vu danser toute la soirée !

Du refus de peser sur les générations plus jeunes

Pour nous qui nous voulons responsables,
la moindre des choses serait d'anticiper !

J'ai rencontré Jeff en 1993, lors d'un séminaire que j'animais avec Jean-Yves Leloup sur l'art de mourir[17]. Jeff avait alors tout juste 50 ans. Il était obsédé par l'idée d'avoir la liberté de choisir le moment de sa mort. Il n'allait pas très bien dans sa vie, à l'époque. Sa relation avec sa femme battait de l'aile et, au fond, il avait l'impression que la vie n'avait plus beaucoup de sens. Il s'était fixé un âge pour mettre fin à ses

17. Voir notre livre *L'Art de mourir*, Robert Laffont, 1997 ; rééd. Pocket, 1999.

jours : 60 ans ! Je me souviens que cela m'avait paru un projet bien morbide. Nous voici ce matin, dix-huit ans plus tard, devant une tasse de café : « J'étais venu à ton séminaire pour me préparer à ma mort, tu parles ! Tu n'as parlé que de la vie ! C'était un séminaire raté ! », dit-il avec humour. « Très raté, en effet, cela fait partie de mes échecs », ai-je répondu sur le même ton. J'ai devant moi un bel homme de 69 ans, dans une forme éblouissante, et qui me semble heureux de vivre. Entre-temps, il a quitté sa femme, en a rencontré une autre, et ses quatre enfants sont lancés dans la vie. Il passe une partie de l'année sur une petite île où il s'est construit un pigeonnier. L'idée de maîtriser le moment de sa mort ne l'a pas quitté pour autant.

Je raconte à Jeff que je suis en train d'écrire avec mon fils un livre sur l'inquiétude générationnelle et je lui montre les quelques pages qu'Édouard a écrites pour résumer son enquête. « Ah, comme je comprends leurs réactions ! » Jeff trouve ahurissant qu'une génération « qui a tout eu » et qui a « vécu comme des coqs en pâte », qui « a du fric », se paie le luxe de faire comme si elle n'allait pas vieillir ni mourir, « se comporte comme des cigales et laisse à ses enfants, qui, eux, n'ont pas de fric, la charge de l'entretenir le jour où elle deviendra dépendante. Je trouve que c'est complètement irresponsable et dangereux. » Il rajoute : « Un jour il va y avoir une guerre, une vraie guerre. Si j'étais les enfants, j'en voudrais beaucoup à mes parents de ne pas avoir anticipé ! Pour nous qui nous voulons responsables, la moindre des choses serait d'anticiper cette situation. »

Il trouve terriblement malsaines ces relations entre des parents-fardeaux et des enfants pris au piège de la culpabilité. « Il faudrait entraîner les gens à être responsables, à prendre des assurances, il faut absolument que les vieux s'entraident, qu'ils prennent eux-mêmes en charge leur perte d'autonomie, avec leur fric et pas celui de leurs enfants, que les vieux riches payent pour les plus pauvres. »

Sur son île, il a toute une bande de copains entre 60 et 70 ans, issus de milieux favorisés et avec un niveau culturel élevé, des psys, des éditeurs, des enseignants. « Tu n'imagines pas le degré d'agressivité de ces gens – qui sont par ailleurs vraiment des "gens bien" – vis-à-vis de leurs parents ou beaux-parents âgés ! Ils trouvent leurs vieux profondément égoïstes, et insupportables. Je crois qu'ils les haïssent inconsciemment. » L'un d'entre eux, psychiatre, est exaspéré de recevoir plusieurs fois par jour des appels de son père, qui ne s'est jamais occupé de lui, et dont il faut maintenant qu'il s'occupe. Une autre se plaint de voir son beau-père faire fondre à vue d'œil l'héritage de sa mère. Un troisième évoque sa mère de 90 ans, qui était une femme très cultivée, autonome, ayant des tas d'amants, écrivant des livres, nier farouchement sa perte d'autonomie, depuis qu'elle ne voit plus, et ce faisant, rendre la vie de son entourage intolérable. « Les voisins en ont assez ! » Ils lui disent : « Occupez-vous de votre mère ! » Mais cette vieille dame refuse qu'on s'occupe d'elle ! Jeff évoque alors la vieillesse de son père qu'il a dû mettre sous tutelle, car il faisait des dépenses inconsidérées, folles. Il avait « la folie des grandeurs ». C'est une décision qui leur a été très pénible. Et bien sûr, son père ne l'a pas supporté. « Tu te rends compte, cet homme qui a toujours eu beaucoup d'argent, il a fallu lui donner une somme fixe toutes les semaines. C'était humiliant pour lui, car les gens savaient qu'il était sous tutelle. C'était abominable ! »

Jeff n'a évidemment aucune envie de faire vivre cela à ses enfants. Mais le problème, dit-il, c'est que « les gens de ma génération ne réalisent absolument pas que dans dix à vingt ans, ce sont eux qui vont se retrouver dans cette situation.

C'est ce que j'ai dit à mes copains : "Attendez, dans dix ans, c'est nous ! Qu'est-ce que vous allez faire ?" Ils éludent la question. Ou bien ils répondent : "Nous, on n'est pas pareils !" Ils imaginent qu'ils ne vont pas vieillir comme leurs parents. Leurs parents étaient pourtant des gens très bien, très actifs, très autonomes, mais en vieillissant, et avec la solitude, ils sont devenus un poids pour leurs enfants. »

Cette remarque de Jeff me donne à réfléchir. D'autant plus que les gens de mon âge partagent tous à peu près cette même conviction : nous ne vieillirons pas comme nos parents. Sommes-nous dans le déni ? Je pense que si nous avançons conscients des écueils qu'il nous faudra éviter et des évolutions qu'il nous faudra faire, nous pourrons, en effet, vieillir mieux que certains de nos parents. Jeff n'est pas de mon avis : « Croire cela, c'est une illusion, et c'est une escroquerie ! La vieillesse, dit-il, est de toutes les façons un naufrage. »

Nous sommes maintenant campés sur des visions de la vieillesse qui ne peuvent se rejoindre. Moi j'espère, avec d'autres, que ma vieillesse sera une croissance vers une maturité heureuse, légère à porter pour mes enfants. Jeff pense que ses copains « vont "s'éclater" quelques années encore, parce qu'ils sont toujours très actifs et qu'ils s'occupent de leurs enfants, ce qui maintient jeune », mais que dans dix ans, ils vieilliront mal, comme leurs parents, parce que c'est un peu inéluctable. Pour éviter cela, il préconise d'anticiper cette dégradation et de penser à sa mort. Mais qu'entend-il par là ?

« J'essaie d'anticiper. J'ai organisé ma succession. Mes enfants ont déjà tous leur appartement. Pour le moment je suis heureux, j'ai encore plein de choses à vivre, mais je sais que le jour où je l'aurai décidé, où j'estimerai que c'est nécessaire, je me donnerai la mort. J'ai déjà réfléchi au moyen de me la procurer, un sac en plastique et deux bidons d'hélium. Je mourrai en deux seconde sans souffrir. » Jeff me dit avoir été favorablement impressionné par le suicide de Gunter Sachs, à 78 ans, lorsqu'il s'est rendu compte qu'il entrait dans la maladie d'Alzheimer. « Toute la question, c'est de le faire avant qu'il ne soit trop tard. Je veux avoir la faculté et la force de me tuer. Je pense que 78-79 ans, c'est une bonne limite. » Je m'étonne alors de ce qu'il vient de me dire. J'ai rencontré la semaine précédente un homme de 79 ans, en pleine possession de ses moyens et en pleine forme physique ! Peut-être, au fond, Jeff a-t-il peur que son désir de maîtriser sa mort ne s'émousse en dépassant un certain âge ? Il me raconte en effet que parmi ses copains qui avaient décidé de mettre fin à leurs jours après un certain âge, aucun ne l'a fait ! Son meilleur ami, qu'il s'était engagé à aider dans la mort, a finalement terminé sa vie à l'hôpital, à l'âge de 65 ans, décimé par un cancer du poumon, non sans avoir fait passer ce message à Jeff : « Pour ce que je t'ai demandé, ne t'inquiète pas ! Ce n'est pas encore le moment ! » Il est mort deux jours plus tard.

Jeff est assez remonté contre cette société qui cache la mort et empêche les gens de se l'approprier. « Cela fait quand même partie de la vie, la mort ! On n'a pas le droit d'en parler. Le déni est trop puissant. » Jeff est de ceux qui pensent sincèrement que notre société devrait permettre aux personnes qui le souhaitent de partir dignement. Il est pour la fabrication et la commercialisation d'une pilule euthanasiante qui permettrait à ceux qui le désirent de mourir tranquillement, accompagnés de quelqu'un, « pour ne pas mourir seul et honteusement dans son coin, comme un chien, ou se sentir obligé de se jeter par la fenêtre ou de se tirer une balle dans le crâne ». Il ne comprend pas qu'on se voile la face à ce point-là, et qu'on n'ait pas encore trouvé le moyen d'aider à mourir ceux qui le demandent.

Jeff me parle de sa mère, âgée de 97 ans, et qui rêve d'une piqure de morphine. Une expérience qu'elle voudrait faire, dit-elle, avant de mourir (sic) ! « Ma mère voudrait la vivre, sa mort, voir comment c'est. C'est comme une première expérience sexuelle ! » Elle lui a dit récemment : « Je bois pour dormir et je fume pour mourir. Quand je ne serai plus là, vous serez tout de même vachement soulagés ! » Pourtant, précise-t-il, sa mère est « une vieille dame dépendante tout à fait adorable, autonome financièrement, douce et gentille avec nous, toujours heureuse et contente de tout ». Quand elle tient de tels propos, Jeff s'entend lui répondre : « mais non ! Maman ! » Mais sa mère n'est pas dupe, dit-il, « et moi non plus ! Car même si je l'aime beaucoup, je sais qu'on sera soulagés ! » Il va s'occuper d'elle une fois par semaine, il la « torche », et cela n'a pas l'air de poser problème à la vieille dame. Mais lui, il ne trouve pas cela franchement agréable. Cela le dégoûte un peu. Jeff est sûr, vraiment sûr que si on avait donné la possibilité de mourir à sa mère, alors même qu'elle ne se plaint de rien, et qu'elle dit qu'elle est heureuse, elle aurait accepté. Quand je lui demande s'il aiderait sa mère à mourir, il me répond d'abord oui, puis il revient sur sa réponse : « Je préférerais que ce ne soit pas moi ! Je ne crois pas que ce soit aux enfants de le faire, de toutes les façons ! »

Je me refuse absolument
à être une charge pour mes enfants.

Tandis que Jean s'inquiète pour ses parents et se demande s'ils seront confrontés à un dilemme : « garder leur argent pour leurs vieux jours ou le donner aux enfants et petits-enfants qui en ont besoin », Marc, de son côté, trouve que ce serait « un comble d'avoir à supporter les frais de dépendance » de notre génération. Ses mots sont durs. Nous chercherions, dit-il, à « refiler la patate chaude à la génération qui suit ».

Certains propos sont excessifs, mais ils traduisent l'angoisse de cette génération. Une angoisse que nous pouvons comprendre : « Nos enfants se disent qu'ils ne vont pas arrêter de payer pour nous. Ils paient déjà nos retraites, ils se demandent à juste titre s'il leur faudra aussi payer pour notre dépendance », observe Jean-Paul, un ami de 70 ans, marié et père de cinq enfants. Très conscient du poids financier que nous représentons déjà pour cette génération, il se demande pourquoi elle ne s'est pas déjà rebellée. « Comment se fait-il qu'il n'y ait pas de traduction politique de cette inquiétude ? Ces enfants voient le patrimoine de leurs parents fondre comme neige au soleil. Je ne comprends pas que notre société ne se soit pas penchée plus tôt sur cette question. La solidarité nationale joue pour la maladie, mais pas pour la dépendance. Il y a là un vrai problème ! »

Pour Jean-Paul, c'est clair, ce n'est pas aux enfants de s'occuper financièrement de leurs parents. Lui n'a qu'une préoccupation : les rendre indépendants. « Je me refuse absolument à être une charge pour mes enfants. » Scandalisé lorsqu'il entend des gens de son âge dire à un enfant : « je t'ai élevé, tu me dois donc quelque chose ! », Jean-Paul refuse que ses propres enfants s'occupent de lui, s'il devient « dépendant » un jour. « Je ne veux pas qu'ils se mêlent de ma vie. » Il a donc mis de côté ce qu'il faut pour assumer une éventuelle dépendance, considérant que c'est son devoir de se préparer à ne pas peser sur ses enfants. Il regrette que sa génération n'aborde pas suffisamment tôt ces questions en famille. « Il faut parler clairement de ce que l'on souhaite, avant que le problème ne se pose. » Évidemment, Jean-Paul fait partie des personnes qui peuvent mettre de côté pour leurs vieux jours. Ce qui n'est pas le cas de tout le monde.

Ainsi le souci de peser sur ses enfants peut-il conduire certaines personnes pauvres à préférer rester chez elles, dans de mauvaises conditions, de solitude, d'insécurité, plutôt que d'aller dans une maison de retraite dont le coût serait supérieur à leur retraite, ce qui obligerait leurs enfants à en financer le complément.

Pour mettre fin à cette situation, le président Sarkozy a lancé un grand chantier en vue d'une loi sur le financement de la perte d'autonomie. « Nous ne pouvons laisser les familles seules face à la montée de la dépendance[18] », a-t-il déclaré, manifestant ainsi son intention de faire jouer la solidarité nationale et d'alléger la charge

18. Nicolas Sarkozy, lors de son discours du 8 février 2011 devant le Conseil économique, social et environnemental.

qui repose aujourd'hui en grande partie sur les familles.

Quand une personne âgée ne peut plus vivre seule chez elle, le coût de son hébergement en maison de retraite dépasse, dans 80 % des cas, les revenus dont elle dispose. C'est la raison pour laquelle les enfants s'empressent souvent de vendre l'appartement ou la maison de leur parent pour financer ce qu'on appelle « le reste à charge ». Ou bien, si le parent ne dispose d'aucun bien, il leur faut financer cette somme sur leurs propres revenus.

« À quoi rime cette situation où l'on propose des lieux à des gens qui n'ont pas les moyens de s'y rendre ? »

Pascal Champvert, le président de l'AD-PA, ne mâche pas ses mots. Il me reçoit à déjeuner dans son grand bureau, dont les baies vitrées donnent sur la Marne, à Saint-Maur-des-Fossés. « Il faudrait commencer par cesser de spolier les personnes âgées en exigeant d'elles une dépense deux à trois fois supérieure à leurs revenus. Nous sommes dans une situation qui n'a plus aucun sens. Les maisons de retraite sont devenues beaucoup trop chères. »

Pascal pense que ce serait dans l'intérêt du Président, à la veille de l'élection présidentielle, de faire une grande réforme sociale. Il a d'autres motifs d'indignation : « N'est-ce pas injuste de récupérer à la mort d'une personne dépendante son patrimoine, mais pas celui d'une personne qui serait morte d'un cancer ou d'une maladie cardiaque ? » Il me donne un exemple : « Suppose que ta mère à la fin de sa vie soit atteinte de plusieurs cancers et qu'elle vive dix ans en allant de traitement en traitement. On va la soigner à l'hôpital, et les soins qu'on va lui prodiguer ne lui coûteront pas un sou, il n'y aura pas un centime prélevé sur sa succession. L'État, la collectivité, va te faire un cadeau énorme. Maintenant, supposons que mon père, lui, souffre d'une pathologie qui entraîne sa perte d'autonomie. Il ne peut plus vivre seul chez lui. Il va falloir envisager un établissement médicalisé, dans lequel il va peut-être vivre dix ans, lui aussi. Les soins qu'on va lui donner vont lui coûter très cher, et pour les payer sur une durée aussi longue, son patrimoine, donc mon héritage, va y passer. Tu ne trouves pas ça absurde ? L'autre jour, j'ai employé une métaphore pour faire comprendre cette injustice à une journaliste. Je lui ai dit : "c'est comme si on décidait que l'amputation de votre bras gauche va être gratuite, parce que c'est la collectivité qui va la payer, mais l'amputation de votre bras droit, c'est vous qui allez la payer". Pourquoi fait-on une discrimination selon les pathologies ? » Je comprends, en l'écoutant, pourquoi il milite si dur pour une réforme ambitieuse.

Reste à savoir où l'État ira chercher l'argent qui lui permettra d'exprimer la solidarité nationale…

Suis-je bien assuré au cas où cela m'arriverait ?

Alain Minc, invité par France Info[19] dans son émission « Parlons net », suggère une solution toute simple, qu'il qualifie de « progressiste » : faire payer les « très vieux » qui coûtent trop cher, selon lui, à l'État. Il raconte que son père, âgé de 102 ans, a été hospitalisé quinze jours dans un service de pointe. « La collectivité française a dépensé 100 000 € pour soigner un homme de 102 ans ! C'est un luxe immense, extraordinaire pour lui donner quelques mois ou

19. Le 7 mai 2010.

quelques années de vie », estime-t-il. « Je trouve aberrant que l'État m'ait fait ce cadeau à l'œil. » Il ne voit pas comment on pourra équilibrer les comptes de la Sécurité sociale sans ponctionner « le patrimoine des vieux, quand ils en ont un, ou le patrimoine de leurs ayants droit ».

La déclaration d'Alain Minc, au premier abord, nous semble frappée de bon sens, mais ensuite notre pensée est assaillie de questions : pourquoi serait-il normal de dépenser 100 000 € pour l'hospitalisation d'un homme de 40 ans, et pourquoi cela deviendrait-il un « luxe immense » dès lors que cette même personne a atteint un grand âge ? N'y a-t-il pas là une discrimination intolérable ? Vaut-on davantage parce que l'on est encore productif ? Faut-il un barème dégressif de remboursement selon l'âge ? La vie vaut-elle moins d'être vécue lorsqu'on est centenaire ? Et comment fera-t-on avec les « très vieux » et « très pauvres » ? Renoncera-t-on à les soigner ? Et si l'on ponctionne leurs enfants, ne va-t-on pas déclencher une vague de suicides de personnes âgées qui préféreront mourir que d'imposer à leurs enfants et petits-enfants d'avoir à payer pour les soigner ? On peut craindre, en effet, que pour éviter d'amputer leur patrimoine, ils n'envisagent de renoncer à demander l'aide à l'autonomie, ou bien décident de mettre fin à leurs jours.

Dans une tribune récente[20], à l'occasion du débat sur la dépénalisation du suicide assisté, Didier Sicard[21] vient d'alerter sur les pressions qui pourraient s'exercer sur une personne en fin de vie ou dépendante, représentant une charge pour la collectivité ou pour ses proches, dès lors qu'un droit au suicide assisté serait reconnu par la loi. Il pointe le danger moral qu'il y aurait à mettre les familles dans des situations de contradictions, dilemmes, calculs sordides. C'est un danger dont nous sommes conscients. C'est pourquoi nous devons impérativement prendre notre part de responsabilité, en acceptant de contracter une assurance personnelle, comme cela se fait d'ailleurs chez certains de nos voisins[22]. Ce serait un geste fort en direction des générations futures.

Le point de vue de Didier Sicard rejoint celui de Jacques Attali : « La moindre des choses,

---

20. « Le suicide assisté, une notion archaïque », éditorial de janvier 2011, www.espace-ethique.org

21. Président d'honneur du Comité consultatif national d'éthique.

22. La Flandre, notamment, particulièrement exposée aux perspectives du vieillissement de sa population, a instauré par décret, en 2001, une « assurance dépendance » obligatoire.

pour éviter de mettre ses enfants dans des situations ingérables, c'est évidemment de se couvrir par une assurance. Chacun devrait se poser la question, ou bien la société devrait obliger à le faire : "suis-je bien assuré, au cas où cela m'arriverait ?" » Jacques Attali est donc partisan que chaque personne consacre « une part raisonnable de sa propre épargne pour se protéger de ce risque ». Tout le monde peut le faire, dit-il. « Ensuite, cela devrait faire partie des programmes politiques de prévoir une assurance obligatoire, en impôt, car l'impôt, ce n'est rien d'autre qu'une assurance obligatoire ! » Ce que Jacques Attali propose, les Français l'approuvent, puisque 80 % d'entre eux pensent que l'État et les collectivités territoriales doivent s'engager dans un financement de solidarité durable pour les personnes âgées, et qu'une même proportion de Français estime qu'ils devraient en même temps « se prémunir financièrement contre le risque de dépendance ».

L'ambitieuse réforme promise par le président Sarkozy devrait vraisemblablement reposer sur un « panier de sources » reposant majoritairement sur la solidarité nationale sans exclure l'assurance privée complémentaire. « Si la société française veut couvrir les frais liés à la dépendance, m'a confirmé Jacques Attali, cela représente 10 à 15 milliards d'euros. Ce sont des sommes faibles. C'est marginal par rapport aux enjeux de la croissance des dépenses de santé. »

Comment ne pas se sentir terriblement coupable ?

Nous venons de parler du souci financier que nous pourrions imposer à nos enfants. Un poids autrement plus lourd est la culpabilité presque inévitable que nous leur ferons porter le jour où il nous faudra entrer dans une maison de retraite.

Certains, comme Pauline, ont été témoins de scènes traumatisantes que nous n'aimerions surtout pas leur imposer plus tard : des placements en urgence, à l'insu de la personne, pour des raisons de sécurité morale ou physique, ou tout simplement parce qu'on est épuisé. C'est monnaie courante. Il est bien rare que le parent *placé* accepte ce changement de vie. On lui fait croire alors à un placement temporaire. On sait que l'on ment. Parfois les enfants vendent à l'insu de leur parent l'appartement ou la maison dans laquelle il vivait. « Comment alors ne pas se sentir terriblement coupable, surtout lorsque tu apprends par le personnel de l'établissement que ton père demande constamment à rentrer chez lui, qu'il passe des heures à attendre derrière la porte pour s'enfuir dès qu'elle s'ouvre, qu'il devient agressif à force d'être malheureux ? »

Ce défaut d'anticipation est malheureusement une réalité. Les gens préparent souvent leur décès, leurs obsèques, mais rarement leur éventuelle entrée en maison de retraite. Elle n'est donc presque jamais évoquée en famille, ni préparée psychologiquement. Il faut donc le reconnaître, une entrée en maison médicalisée n'est presque jamais souhaitée ni choisie, car elle est le signe d'un déclin inévitable, le signe de la fin. Et de fait, les personnes qui sont hébergées et soignées dans ces structures sont en bien mauvais état. Dans la majorité des cas, l'arrivée dans une résidence médicalisée est consécutive à un passage aux urgences de l'hôpital. Là, on estime avec raison que c'est la seule issue possible à une situation qui met en danger la personne et son entourage. On comprend alors que ce soit si mal vécu et perçu par la personne elle-même comme une rupture douloureuse, un isolement, la perte de la liberté et de l'indépendance, bref, une déchéance. Les débuts de séjour sont souvent dramatiques. La personne refuse de tout son être cette vie qui lui est brutalement imposée, dans un lieu anonyme qu'elle a tôt fait d'assimiler à un mouroir. Certaines personnes meurent d'ailleurs assez vite après leur arrivée, ce qui montre à quel point ce changement de vie est au-dessus de leurs forces.

Avoir à prendre la décision de *placer* son père ou sa mère dans un tel endroit est une épreuve très lourde. On s'en tire en mentant, en parlant de séjour temporaire, de « maison de repos ». Il y a différentes façons de se défendre d'un sentiment aussi insupportable. Certaines familles prennent la fuite et ne viennent plus. Elles abandonnent carrément leur proche, et cela arrive malheureusement plus souvent qu'on ne le croit. D'autres vont essayer d'apaiser leur culpabilité en établissant une relation quasi fusionnelle. Elles reportent alors tout leur ressentiment sur le personnel de l'établissement. Elles sont pleines d'agressivité et de soupçons. Certaines vont jusqu'à menacer d'un procès. Les directeurs de ces maisons et leur personnel ont appris à faire face à cette culpabilité des familles, à affronter leurs reproches. Ils font souvent tout ce qu'ils peuvent pour aider les proches à surmonter leur culpabilité, à faire le deuil de la vie d'avant, et à trouver le moyen de dépasser le sentiment qu'ils ont d'avoir abandonné leur parent. Cela prend du temps. Il faut établir une relation de confiance entre le résident, sa famille et les professionnels de santé.

La majorité des gens
qui placent leurs parents sont à bout.

Claudette Bouaziz[23] dirige depuis quinze ans des établissements dédiés à la maladie d'Alzheimer. Elle est à l'écoute de cette culpabilité des familles. Pour l'anticiper, elle propose – rarement, il est vrai – des « contrats à durée déterminée », renouvelables. « Cela donne un peu d'oxygène à la famille », dit-elle. Elle comprend que ce ne soit pas facile pour un proche d'annoncer à son parent vulnérable qu'il va devoir vivre ailleurs

23. Claudette Bouaziz et Gérard Sabat, *Chronique de la province d'Alzheimer*, livre numérique téléchargeable.

que chez lui. Ce n'est pas facile non plus de signer un contrat à la place de son parent. Cela ne se fait que pour les prisons ou les hôpitaux psychiatriques ! Certains enfants ont l'impression qu'ils signent une condamnation. Mais ils n'ont pas le choix. « Il faut comprendre, nous dit Claudette, que la majorité des gens qui placent leur parent sont à bout, éreintés. Ils attendent le dernier moment. En général, il y a un événement déclenchant, par exemple la personne se rend à 4 heures du matin à la banque, puis se perd… La famille n'a pas de nouvelles pendant deux jours. Elle a eu une grosse trouille. » Quand nous l'avons interrogée sur les mensonges et les non-dits des familles, elle nous a répondu qu'il fallait « de la souplesse ». « Il faut être capable de dire "pour l'instant", il faut qu'un conjoint épuisé puisse dire qu'il n'en peut plus, qu'il a besoin de se reposer, et qu'ensuite on fera le point. Parfois, il reste une capacité d'analyse au résident, qui accepte le compromis. » Face aux nombreuses tentatives de fugues, ou aux demandes répétées des résidents de « rentrer chez eux », Claudette n'a pas la tâche facile. Elle s'installe à côté de la personne, lui prend la main et lui demande de décrire l'endroit où elle habite. « Elle me décrit un endroit qui n'a rien à voir avec la réalité…

C'est souvent une mosaïque d'endroits différents, de lieux de l'enfance. » Cette manière de faire respecte la personne et lui donne le sentiment qu'on s'intéresse à elle. Souvent les personnes, à ce stade de la maladie, n'attendent pas autre chose.

Ce qu'elle fait là, Claudette essaie de le transmettre aux proches. Le soutien des familles, l'écoute de leurs difficultés, font partie de la mission des professionnels de santé qui travaillent dans ces structures. Il faut comprendre la culpabilité des familles, leur angoisse – dans quel état vont-ils retrouver leur parent ? –, leur peur que celui-ci soit malheureux – pourquoi pleure-t-il ? – leur ambivalence. Ainsi les familles balancent entre deux souhaits : celui de voir mourir leur proche et celui de stimuler son désir de vivre. « Ils peuvent s'acharner à le faire manger, à le faire marcher, à lui poser des questions. » Il faut, enfin, valoriser les bénéfices secondaires de cette maladie pour la famille. « Il y a des gens qui se retrouvent, se reparlent, se pardonnent. »

Claudette est convaincue que l'on peut préparer l'arrivée d'une personne âgée dans une maison de retraite, l'anticiper. « Par exemple, en venant d'abord un après-midi par semaine, puis un jour entier… » Son métier lui a appris l'importance de l'anticipation. Ainsi, elle-même a souscrit à une assurance-dépendance, et elle a parlé à ses enfants de ce qu'elle souhaiterait, s'il lui arrivait ce qui « arrivera au moins une fois dans chaque famille, d'ici 2015 ». Quelle n'est pas notre surprise de découvrir que son vœu le plus sincère est de faire confiance à ses enfants ! « Je ne veux en aucun cas qu'ils se prennent la tête ! Je leur ai dit : "Dès que je déboulonne, vous me placez en institution – que je le veuille ou non ! Vous prenez les décisions qui vous semblent être les bonnes." Si mes quatre enfants décident avec mon mari qu'il faut me mettre en institution, je leur fais confiance, je suis sûre qu'ils prendront, non pas la meilleure, mais la moins pire des décisions. »

Non, ce n'est pas un abandon !

Le témoignage de Claudette est précieux pour ceux qui semblent déjà culpabiliser à l'idée qu'ils devront se résoudre, plus tard, à nous placer en maison de retraite médicalisée. Il remet les pendules à l'heure : l'arrivée en maison de retraite n'est pas un abandon, si on en a parlé d'avance, si tout le monde comprend que c'est la seule solution, et surtout si on reste en lien. « Non, ce n'est pas un abandon ! » dit-elle.

Lors d'une réunion que j'ai animée récemment avec des personnes de mon âge qui ont dû « placer » un parent dans un EHPAD[24], j'ai

24. EHPAD : établissement Hospitalier pour Personnes âgées Dépendantes.

constaté le mal que ces gens de ma génération se donnent pour rendre visite à leurs parents, s'en occuper, souvent au détriment de leur vie personnelle. Comme ce couple, Gabriel (67 ans) et Maria (58 ans). Leurs deux mères résident dans le même établissement. Ils assurent chacun deux visites hebdomadaires, et reçoivent une fois par semaine leurs mamans à déjeuner chez eux. Ils estiment faire leur devoir, et n'ont pas du tout l'impression d'avoir abandonné leurs mères, en les mettant dans cette maison très humaine, tenue par les Petites Sœurs des Pauvres. Ils éprouvent pourtant un reste de culpabilité, qu'ils apaisent sans doute par leurs visites. Des visites qu'ils qualifient de « pas drôles ». Même lorsqu'on choisit une maison qui a bonne réputation et dans laquelle la personne âgée se sent bien et s'intègre bien, ce qui est le cas pour eux, il reste toujours, toujours un peu de culpabilité. C'est un arrachement de prendre la décision d'aller vivre dans un établissement. Même lorsque notre parent y consent, c'est toujours un peu à son corps défendant. C'est toujours un deuil. Et cela, les enfants le sentent et ils en sont malheureux. Ils s'estiment donc toujours un peu coupables, sauf lorsque le parent a pris de sa propre initiative, et suffisamment tôt, la décision de quitter son domicile pour s'installer dans une maison de retraite.

Gabriel et Maria imaginent-ils que pareil sort pourrait leur être réservé ? Bien sûr, ils y pensent, et ils se plieront alors à la nécessité. Sans illusions ! « Nos enfants ne feront certainement pas pour nous ce que nous faisons pour nos mères. Nous n'aurons certainement pas deux ou trois visites par semaine, car ils seront peut-être loin, occupés à leur vie familiale et professionnelle. C'est la vie ! Car l'évolution, c'est comme ça ! Ils ne l'ont pas forcément voulu, mais aujourd'hui le marché du travail oblige à bouger, et puis eux, ils seront obligés de travailler au moins jusqu'à 70 ans ! »

Gabriel et Maria font partie de ces seniors qui ont tout organisé pour ne pas être une charge financière et morale pour leurs enfants. Je leur fais remarquer que, même dans une maison de retraite financée par leurs soins, ils seront forcément une charge, ne serait-ce que morale. Pourquoi le nier ? Leurs enfants seront nécessairement impliqués dans leur histoire. Comme ils le sont dans l'histoire de leurs mères. « Qu'est-ce que je peux faire, alors ? » s'est écriée Maria. « Je ne vais pas me suicider maintenant pour éviter la vieillesse, je ne vais pas me tuer à 60 ans pour éviter d'être vieille plus tard, ce n'est pas pensable. » J'ai mesuré alors le désarroi que ma génération éprouve face à la grande vulnérabilité de la vieillesse. Comment accepter d'être, malgré tout, une charge ?

J'ai toujours eu un fond
de chagrin et de culpabilité.

Danièle est une femme de 74 ans, pleine de ressources et de cœur. Avec son mari, Georges, ils forment un couple particulièrement attachant. Car ils s'aiment et sont ouverts aux autres. Je les ai connus tous les deux à l'occasion d'un séminaire de cinq jours que j'animais au Canet, toujours sur ce même thème de l'art de vieillir. Avec elle, j'ai beaucoup parlé du traumatisme que l'entrée dans une maison de retraite pouvait représenter pour une personne âgée et pour sa famille. Lorsque sa mère est arrivée, à l'âge de 92 ans, dans la Résidence de l'Abbaye, à

Saint-Maur-des-Fossés, Danièle s'est investie à fond dans l'aide aux familles des résidents. Je lui ai donc demandé de me raconter son histoire.

Tout a commencé par une chute. Sa mère vivait jusque-là, parfaitement autonome, dans un appartement situé deux étages au-dessous du sien ; Danièle avait pris la précaution de l'équiper d'un système d'alarme autour du cou, mais comme souvent, l'alarme la gênant, la vieille dame l'avait retirée, et lorsqu'elle est tombée, elle se trouvait sur la table de nuit, de l'autre côté du lit ! Après avoir passé la nuit par terre chez elle, dans son sang, sa mère a donc été transférée à l'hôpital, pour des soins et des examens. Au bout de quelques jours, alors que Danièle s'apprêtait à ramener sa mère chez elle, le médecin l'a mise devant ses responsabilités. Ce retour à domicile n'était plus envisageable. « J'en ai tout de suite parlé à ma mère ! J'estime que la confiance et l'amour, c'est fondamental, devant de telles décisions. » Quand sa fille lui a expliqué qu'il fallait maintenant envisager l'entrée dans une maison de retraite, sa mère lui a répondu : « Ma chérie, bien sûr, il n'y a pas d'autre solution ! » Son entrée dans la résidence n'a pas été facile pour autant. Car la seule chambre libre se trouvait à l'étage des personnes désorientées. Mais elle s'est adaptée. « C'était une femme très chaleureuse. Le personnel s'est vite attaché à elle, une aide soignante venait lui lire son horoscope tous les matins... Très doucement, elle s'est mise à rendre des services autour d'elle. Quelques mois après son arrivée, nous avons organisé une grande réunion de famille dans la résidence. On a mis à notre disposition, au 4e étage, un salon et on s'est tous retrouvés. » Danièle avait gardé son appartement libre pour un éventuel retour, mais sa mère n'a jamais demandé à rentrer. Elle s'est même si bien adaptée à l'étage des plus désorientés qu'elle a refusé de changer de chambre, lorsqu'on lui a proposé de le faire.

Pourtant, malgré cette étonnante faculté que sa mère a eue de s'adapter, malgré le fait qu'elle ait l'air heureuse dans cette résidence, malgré la visite quotidienne de Danièle et les deux appels téléphoniques qu'elle lui donnait tous les jours à heures fixes, à 10 heures et à 17 heures, elle reconnaît : « J'ai toujours eu un fond de chagrin et de culpabilité. »

Pendant les deux premières années, chaque fois qu'elle quittait sa mère et la laissait dans la grande salle à manger de la résidence, elle avait les larmes aux yeux. « Voir ma mère au milieu de toutes ces têtes blanches, de tous ces gens un peu abîmés, cela me bouleversait ! Car la culpabilité, elle était tout de même là ! Maman nous disait : "partez un peu en vacances, mes enfants, profitez-en !" Mais quand on revenait, elle avait l'air tellement heureux ! Elle me disait avec un grand sourire : "Oh ma chérie ! Cela me fait tellement plaisir de te revoir !" » Danièle dit que « cette chape de culpabilité » ne l'a pas quittée. « Même si nous disons à nos enfants "ne vous inquiétez pas, tout va bien, c'est la vie !" la culpabilité sera toujours là. C'est irrationnel, mais on a le sentiment d'avoir abandonné. » Danièle affirme que cette culpabilité est omniprésente.

Pourquoi l'est-elle, alors même qu'on a le sentiment d'avoir fait tout ce qu'on a pu ? Même lorsque la personne âgée n'est pas culpabilisante ? Même lorsqu'elle se dit heureuse ?

Est-ce parce que les enfants sentent qu'en dehors des moments de visites, leur parent n'est peut être pas si heureux qu'il le dit ? Danièle fait remarquer que cela serait vrai aussi d'une fin de vie à domicile. Peut-on vraiment être heureux vingt-quatre heures sur vingt-quatre quand on est très vieux ? Elle reste persuadée que l'on a plus de chances d'être heureux dans une bonne maison de retraite, à cause du lien social, des visages qui s'éclairent dès qu'ils rencontrent un sourire, que dans la solitude de son cadre familier. La solution maison de retraite, surtout lorsque l'accueil est de qualité, lorsqu'on a pris le temps de préparer cette nouvelle étape de vie, reste la meilleure. « Car le deuil de son domicile est compensé par des tas de choses positives. » Après la mort de sa mère, Danièle a continué à s'investir auprès des familles auxquelles elle fait valoir tout ce qu'elles vont gagner au change. « Je leur dis : "Lorsque votre parent était chez lui, vous n'étiez pas disponible. Vous veniez pour lui faire ses courses, pour prendre son linge sale. Maintenant qu'il est ici, quand vous venez passer une ou deux heures avec lui, vous sortez dans le jardin, vous prenez le thé. Vous êtes déchargés de tout, de l'intendance, des tâches quotidiennes, vous êtes rassurés sur sa sécurité, ce sont des moments de *qualité* que vous allez pouvoir partager." »

Danièle se demande ensuite si ce sentiment de culpabilité inéluctable ne masque pas en fait autre chose : d'une part, la peur d'avoir à vivre cela un jour, à notre tour. La peur de se retrouver plus tard au milieu de ces têtes blanches et ces gens abîmés. D'autre part, le chagrin de réaliser que la fin approche, qu'on va bientôt ne plus voir ce parent que l'on aime et auquel on est attaché.

Je préférerais entrer
dans une bonne maison de retraite,
plutôt que de rester seule chez moi.

Quand je demande à Danièle si elle a envisagé son propre départ en maison de retraite, elle me répond : « Je n'ai pas vraiment réfléchi à cela. Mais si j'arrivais à un stade où je ne peux plus rester autonome, ce que j'espère être le plus tard possible, je préfère entrer dans une bonne maison de retraite, plutôt que de rester seule chez moi. J'espère que les économies que l'on a faites le permettront. » Mais Danièle est bien consciente de son ambivalence. Rentrer le plus tard possible dans un établissement, c'est aussi un inconvénient. Une bonne intégration n'est souvent plus possible. « Alors que plus tôt, on peut s'adapter ! » C'est fou cette capacité de l'être humain à s'adapter. Finalement, on s'habitue à tout ! « C'est peut-être même quelque chose qu'on découvre en vieillissant ! Maintenant que je vieillis beaucoup, parmi les clés que j'ai, il y a ma capacité à lâcher prise, à accepter ! Cela peut paraître des mots, mais je m'exerce à "accepter". » Si elle devait entrer dans une maison de retraite, ce ne serait évidemment pas de gaieté de cœur, mais à partir du moment où elle sentirait que sa fille l'aime et ne l'abandonne pas, tout serait vivable. « Ce qui est certain, c'est que je ne voudrais absolument pas vivre chez ma fille. Y aller un dimanche, un week-end, des petites vacances, oui, mais pas m'y installer. Il faut bien se rendre compte que nos façons de vivre ne sont pas les mêmes que celles de nos enfants ! »

Il y a trois critères, selon Danièle, pour que la vie en maison de retraite se passe bien. Le premier, c'est évidemment que la maison soit bien, accueillante. Le deuxième, c'est *l'impératif accord* du résident. Le troisième, c'est la *vigilance* des familles. La qualité humaine de la maison est évidemment primordiale. Notre intimité, notre rythme de vie, nos personnalités doivent être respectées. Il faut ensuite être pleinement d'accord avec son entrée dans le lieu. C'est un impératif auquel Pascal Champvert, par exemple, ne déroge jamais. Une personne qui ne veut pas venir n'entre pas ! Il faut en dernier lieu que les familles soient vigilantes. « Lorsque ma mère est entrée dans la Résidence de l'Abbaye, on m'avait dit : sois très présente ! Le simple fait que la famille soit présente, qu'elle vienne régulièrement, change le regard des soignants et du personnel sur le résident », raconte Danièle. Très présente, Danièle l'a été en effet, jusqu'à s'impliquer personnellement auprès des autres familles de l'établissement qu'elle incite à communiquer le plus possible avec le personnel. « Il y a quelque chose que j'apprécie beaucoup dans cette résidence, c'est le *livre des familles*. Un grand registre où elles inscrivent ce qu'elles veulent. Il n'y a pas seulement des récriminations ou des plaintes, mais aussi des paroles de remerciements, de la gratitude. Le personnel est tenu d'y répondre.

Je ne veux pas peser sur mes enfants.

C'est le thème que j'aborde ce matin avec quatorze personnes venues d'horizons divers, âgées de 50 à 80 ans. Elles ont choisi de consacrer une semaine de leur temps, de leur vie, à réfléchir aux défis et aux responsabilités de leur vieillissement. Nous sommes au col de Parménie, dans un centre d'accueil tenu par des Frères des écoles chrétiennes. De la salle vitrée où nous nous réunissons depuis quelques jours, on voit tout le massif du Vercors et de la Grande Chartreuse. Le cadre est magnifique. En quelques heures, grâce à la volonté d'échange et à la maturité exceptionnelle des participants, nous avons réussi à créer un climat de confiance exemplaire. Cela n'est jamais joué d'avance. Même si les gens qui s'inscrivent à ce type de séminaires ont déjà quelques années de travail personnel derrière eux et un goût prononcé pour le « développement personnel », se retrouver avec des inconnus pour parler de la vieillesse et du vieillissement relève d'un engagement particulier. D'ailleurs, certains de leurs proches ou de leurs amis leur ont dit : « Tu es fou ! Un séminaire sur l'art de vieillir, à ton âge ! »

La plupart des participants ont lu mes livres sur la question, mais c'est surtout le désir de ne pas peser, en vieillissant, sur la génération de leurs enfants et de leurs petits-enfants, qui motive leur venue ici. Cet après-midi, nous parlons de l'inquiétude générationnelle et de notre souci de ne pas devenir, un jour, un poids pour nos enfants. « Je ne veux pas peser sur mes enfants ! » C'est ce que j'ai entendu toute la semaine.

Autour de notre table de travail, les exemples de fins de vie infernales abondent. Christiane, 71 ans, évoque les derniers temps de l'existence de sa sœur qui a voulu terminer sa vie chez elle. Ses filles habitaient loin. Elles ont, malgré tout, respecté son vœu et se sont engagées dans un « gouffre financier ». « Je ne pense pas que ma sœur se soit rendu compte de la contrainte qu'elle imposait à ses filles. »

Marie, 61 ans, raconte ensuite le parcours éprouvant qu'elle vient de vivre. Ses parents habitaient dans une petite maison peu accessible, avec des tas d'escaliers. Quand sa mère a débuté une maladie d'Alzheimer, les enfants ont essayé d'aborder le sujet d'un éventuel déménagement dans une maison plus adaptée. Peine perdue. « Ma mère avait la hantise de devoir quitter son chez-elle. » Avec ses frères et sœurs, ils se sont dit : « On verra bien ! » La maladie de sa mère s'est aggravée. Ses parents se sont « accrochés à leur domicile ». Marie nous fait grâce de l'enfer qu'ils ont vécu : épisodes agressifs, « bêtises » de toutes sortes, et puis un jour, « on se dit : ce n'est plus possible ! Quand on est pris de court, comme cela, il n'y a plus que l'hôpital. Plus aucun choix n'est possible, car il y a des files d'attente partout ! » Sa mère a fini par être accueillie dans un établissement médicalisé, et son père, se retrouvant seul, a décidé de quitter sa maison, qu'il a fallu vider. Pénible épreuve ! Il s'est installé dans une sorte de foyer-logement, où il s'est mis à sombrer, puis s'est retrouvé dans un hôpital psychiatrique après une tentative de suicide.

« Je ne veux sous aucun prétexte faire vivre ça à mes enfants ! Une de mes filles est prête à m'accueillir plus tard dans un petit logement séparé, dans un coin de son jardin. Mais je ne pense pas que ce soit la bonne solution. Je suis prête à prendre les devants et à me rendre de mon plein gré dans une maison de retraite, car je ne veux pas m'imposer à mes enfants. » Marie se souvient, enfant, d'avoir vu sa mère prendre chez elle son grand-père âgé de 86 ans. Ce vieil homme a vécu chez ses enfants pendant douze ans. « C'était lourd pour elle, mais cela me semblait naturel. Ce que l'on faisait alors dans les familles, on ne le fait plus aujourd'hui ! »

Était-ce mieux alors ? Un souvenir personnel me revient à l'esprit. Je venais de rencontrer le père de mes enfants. J'avais 20 ans. Quand je suis arrivée dans ma belle-famille, celle-ci avait accueilli chez elle la grand-mère paternelle de mon mari. C'était une vieille dame très digne mais exigeante. Elle vivait dans leur appartement et ma belle-mère était à son service. Je me souviens de l'exaspération de cette dernière et des soupirs qu'elle ne réprimait même plus et qui me mettaient très mal à l'aise. Elle n'avait pas le choix. Les choses étaient ainsi. Les vieilles personnes considéraient que c'était quelque chose qu'on leur devait, et parfois elles étaient d'une exigence (« tu me dois le respect ! ») que nos enfants ne supporteraient certes pas aujourd'hui.

Brigitte, 62 ans, fait remarquer que dans sa génération, on se demande plutôt si l'on est en droit d'attendre quelque chose de ses enfants. « J'ai l'impression que nos demandes d'attention, d'écoute, ça les torture, nos enfants ! Qu'est-ce qu'on a le droit de leur demander ? » Quand elle a eu un gros problème de santé, elle s'est rendu compte que c'était trop lourd à porter pour sa fille, qui a pris la fuite. « Cela m'a fait travailler ! Je me suis dit que je devais respecter ses limites, ne pas lui demander de me porter. » Elle se dit que son travail, maintenant, va être de conquérir une vraie autonomie psychique, intérieure. C'est quelque chose de tout à fait propre à notre génération. L'autonomie est une de nos valeurs clés. Nous ne voulons pas dépendre des autres ni peser sur eux. Cela ne nous demande pas seulement d'organiser notre autonomie matérielle. Cela exige de nous une autonomie plus profonde et plus spirituelle.

Je veux connaître leur avis
et le prendre en compte.

Certains dans le groupe, dont Agnès, 63 ans, divorcée et mère de trois enfants, ont réagi à l'idée qu'il ne « faudrait rien attendre des enfants ». Elle témoigne avec beaucoup d'émotion dans la voix de sa solitude et de son besoin de voir ses enfants, de les avoir tous réunis autour d'elle, ne serait-ce qu'une semaine par été. Quand elle leur a fait part de son désir, « j'ai lâché une bombe ! Ils avaient projeté leurs vacances, des voyages, et finalement nous nous sommes rabattus sur un seul week-end en août. »

Nous nous rendons bien compte que notre attente à l'égard des enfants s'enracine dans ce que nous identifions comme un « manque à être ». Une difficulté à assumer notre solitude. Ceux qui vieillissent en couple n'ont pas ce problème. Ainsi Monique, qui partage sa vie avec Jean, parle-t-elle avec humour du plaisir qu'elle a de voir ses petits-enfants : « Ils nous font deux plaisirs : le premier quand ils viennent, le deuxième quand ils partent ! » Les générations plus jeunes sont-elles à ce point nécessaires à notre bonheur de vieillir ? C'est une vraie question dont nous débattons âprement.

Françoise, 78 ans, a vécu une vie amoureuse épanouie avec un compagnon, mais n'a pas eu d'enfants. En écoutant les « mères » du groupe, il lui vient, dit-elle, des « mauvaises pensées ». Jalousie ? Envie face à cette omniprésence des enfants et des petits-enfants dans la vie des femmes du groupe ? Ne peut-on envisager de vivre heureux en vieillissant, sans que ce bonheur soit lié aux enfants ? Françoise dit n'avoir pas supporté la réflexion d'une de ses amies à propos de ses filles : « Il faudra bien qu'elles s'occupent de moi, quand je serai vieille ! » N'y a-t-il pas d'autres formes d'amour ? C'est, en tous les cas, ce qu'elle cherche pour sa dernière trajectoire : une qualité de l'amour qui soit libre de toute pression, de toute attente anxieuse, de tout calcul ou marchandage. En l'écoutant, je pense au témoignage de Lisa sur son dragon de mère, et à sa souffrance d'être prise dans l'attente d'« un retour sur investissement ». Si le sentiment d'avoir un « devoir de soutien » à l'égard de ses parents fragilisés est largement plébiscité chez nos quadras, c'est parce qu'il vient du cœur. Si le devoir est constamment rappelé par les parents sous forme de reproche, cela n'est plus acceptable, ni accepté, de nos jours.

Nous avons donc, pour la plupart, la conviction que notre défi spirituel est de conquérir cette autonomie intérieure. Nous sommes là d'ailleurs pour nous soutenir les uns les autres dans ce projet. Nous sommes là pour échanger des pistes de réflexion, des pensées, des clés qui nous aident à tout mettre en œuvre pour ne pas perdre pied dans notre grande vieillesse. Nous savons qu'en faisant tout pour vieillir le plus heureusement possible, en s'engageant dès maintenant sur la voie d'une maturité spirituelle, en avançant les yeux ouverts, conscients, nous avons de fortes chances de ne pas connaître le destin de certains de nos parents. Nous avons la conviction que nous vieillirons autrement.

Cette conviction peut paraître un peu prétentieuse. Comment savoir ce qui nous attend ? Pourtant, elle constitue une force, une foi dans l'avenir. Marie dit l'avoir, alors même qu'elle fait partie d'une famille très durement frappée par la maladie d'Alzheimer. Partant de l'hypothèse, que je partage d'ailleurs, que cette maladie mystérieuse pourrait être un refuge pour ceux qui ont peur de vieillir et de mourir, Marie s'est donné comme tâche spirituelle d'accepter de vieillir et de vivre son avancée en âge le plus consciemment possible. Elle a demandé à ses enfants de la « prévenir », si son comportement leur donnait des inquiétudes et qu'elle ne s'en rendait pas compte ! « Dites-le-moi ! » les a-t-elle suppliés. « Ne cherchez pas à me protéger, parlez-moi vrai ! »

Christiane, 71 ans, réalise qu'elle n'a jamais pensé en parler à ses deux enfants. Elle se dit qu'elle va le faire, sans tarder, les consulter. « Je veux connaître leur avis et le prendre en compte. Qu'est-ce qui serait le mieux pour eux, pour nous ? » Elle estime que ce genre de décision doit être pris « collectivement ».

Josiane, qui ne veut pas donner son âge, mais qui ne doit pas être loin de prendre sa retraite de directrice d'un service d'aide aux personnes âgées à domicile, confirme que le tabou qui pèse sur le lieu où l'on ira, quand on sera très vieux, est la source de bien des souffrances. « Il faut absolument que parents et enfants parlent de cela entre eux ! Une mère ou un père qui dit à ses enfants : “s'il le faut, j'irai dans une maison de retraite”, enlève un poids gigantesque à la génération qui suit. »

Je n'ai pas eu de remords
parce que cela venait d'elle.

Se pose alors la question du moment où il convient de prendre une telle décision. Monique a réfléchi toutes ces dernières années, avec d'autres, à des projets innovants d'habitats groupés ou de béguinages. « Tous les projets se sont arrêtés. On dirait que personne ne veut vraiment s'engager. On se dit, c'est trop tôt, ce n'est pas le moment… » On exprime alors l'idée qu'il ne faut pas, en effet, s'engager trop vite dans un tel changement de vie, mais qu'il ne faut pas non plus trop attendre… 70-75 ans serait peut-être le bon âge, en sachant qu'il faut du temps pour trouver le bon endroit, ou pour construire le projet auquel on adhère. Josiane nous raconte que les gens entrent de plus en plus tard dans un établissement. C'est alors « assez terrible, car les gens sont très détériorés ».

Annie, veuve et mère de trois enfants, grand-mère de cinq petits-enfants, ne s'inquiète pas trop de son grand âge. Elle est « incapable d'imaginer ce qui se passera », mais elle est confiante, car elle s'entend bien avec ses enfants. Elle se dit prête à se rendre dans une maison de retraite, si c'est la bonne solution. « Je me verrais bien dans une petite chambre avec mes disques et quelques bougies. Je ne serais pas isolée affectivement et ce ne serait pas catastrophique. » D'autres rebondissent sur ses propos. Ils ne sont pas angoissés à l'idée de finir leur vie dans une institution. J'essaie d'en comprendre la raison.

Martine, 63 ans, nous dit que sa mère lui a montré l'exemple. À l'âge de 90 ans, elle a décidé, de son propre chef, de se rendre dans une maison de retraite, alors qu'elle était encore tout à fait valide. Elle l'a fait « pour ne pas peser » sur sa fille. Certes, une telle décision n'est pas facile, mais « c'est la seule qui ne génère aucune culpabilité », affirme-t-elle. « Je n'ai pas eu de remords, parce que cela venait d'elle. » Quand on décide soi-même de quitter sa maison et de s'installer dans un établissement médicalisé, on allège tout à fait la conscience de ses enfants. Ce don mature et généreux s'accompagne souvent d'une capacité à s'adapter à son nouvel environnement et à tout mettre en œuvre pour y être le plus heureux possible. Ainsi sa mère a-t-elle tissé des liens avec ses voisins et ses voisines jusqu'à sa mort, à l'âge de 96 ans. Beaucoup de ses compagnons ont disparu avant elle. Elle les a accompagnés. Martine est convaincue que l'acceptation réfléchie et positive d'un départ en maison de retraite conditionne la manière dont on va vivre cette nouvelle vie, par la suite. Son témoignage a été suivi d'un long silence. Le groupe est impressionné par ce qu'il vient d'entendre et sent intuitivement qu'il y a là une vraie piste à suivre, pour ne pas devenir un poids plus tard. Quelqu'un rappelle que, malgré l'horreur que nous partageons de ces lieux de vie, nous savons aussi qu'à l'intérieur de ce monde aux règles un peu carcérales, il y a parfois beaucoup d'humanité. « Les gens ne sont pas tous des Tatie Danielle ! Il y a comme partout des personnes charmantes. » Je pense alors au *Cahier de Marie*, un journal tenu tous les dimanches soirs par une vieille femme entrée de son plein gré dans une maison de retraite. Un texte magnifique que j'avais remarqué. Au lieu de désespérer, Marie décide d'être une petite lumière dans les ténèbres qui l'entourent. Elle ne manque pas une occasion de distribuer des sourires aux vieillards autour d'elle. On se rend compte en la lisant que tout dépend du regard que l'on porte sur la vie. On peut vivre son séjour dans un tel lieu comme un enfer, si on se ferme, si on subit passivement son destin. Mais si l'on a le cœur ouvert, comme cette vieille femme, tout peut être occasion d'échange, de tendresse, de vie. « L'essentiel pour une bougie n'est pas l'endroit où elle est posée, c'est la lumière qu'elle irradie jusqu'au bout », écrit-elle.

Le droit d'être fragile dans sa vieillesse

Je demande le droit d'être fragile
dans ma vieillesse.

Nous sommes partis de ce désir de ne pas peser sur nos enfants, dans notre grand âge, et voilà que nous réalisons que le vrai problème n'est pas là. Si nous perdons notre autonomie, si nous devenons fragiles, nous pèserons sur eux, de toute façon.

Christiane a l'honnêteté de dire qu'elle revendique le droit d'être vulnérable dans sa vieillesse et de « peser » sur ses enfants. Elle ne voudrait pas qu'on lui fasse sentir qu'elle n'a plus le droit d'être là, qu'elle n'a plus le droit de vivre, parce qu'elle pèse sur les autres. « J'ai envie de me sentir légitimée de vivre jusqu'au bout, même si je suis devenue un poids. »

Elle demande donc le droit d'être fragile, d'avoir besoin de l'aide et de l'amour de ses enfants. Ce désir-là nous conduit à interroger notre regard sur la dépendance et le lien qui s'établit entre une personne vulnérable et ceux qui prennent soin d'elle.

Il y a une manière de vivre sa perte d'autonomie qui permet à ceux qui sont autour de mieux la vivre aussi. J'ai accompagné pendant de longues années des personnes entièrement dépendantes, en fin de vie. Il y a ceux qui ne supportent pas de ne plus être autonomes. Ils vivent cela comme une perte de dignité. Ils souffrent et deviennent agressifs. Je les voyais parfois se replier sur eux-mêmes, s'enfermer dans une forme de mutisme, finir par réclamer la mort. Il est très difficile pour les proches et les professionnels de santé de prendre soin d'eux, car ils donnent constamment le sentiment qu'ils vous rejettent. On assiste parfois à une escalade de violence de part et d'autre. Ce sont des situations intenables, et bien des proches prennent la fuite. Les professionnels, eux, s'épuisent. Et puis il y a ceux qui, dans leur dépendance extrême, lâchent prise et confient avec confiance leur corps aux mains des autres. Ils acceptent ce qui leur arrive avec une sorte de grâce et d'humilité. Ils s'intéressent à ceux qui s'occupent d'eux, leur expriment leur gratitude. Les proches et les soignants sont souvent très touchés par la gentillesse et la douceur de ces personnes fragiles. Ceux-là retrouvent souvent l'estime d'eux-mêmes qu'ils avaient perdue, à force d'impuissance et d'échecs.

Aider quelqu'un de dépendant, dans ces conditions, devient léger. Cela peut être source de joie et de plaisir partagé. J'ai été touchée par le témoignage de Nora, qui bien qu'elle ait mis « sa vie entre parenthèses » pour s'occuper de son père, dit être heureuse de le voir retrouver le sentiment de sa dignité. Elle est persuadée qu'il l'aurait perdu, s'il était dans une institution, soigné par d'autres, peut être sans amour et sans joie. Je me souviens de plusieurs visages de grands dépendants. Ils se laissaient soigner avec une vraie dignité et un souci de l'autre qui rendaient la tâche enviable. Les aides-soignants du service se disputaient pour avoir le privilège de s'occuper d'eux. C'est une chose que je n'oublierai jamais. Et j'espère, quant à moi, pouvoir faire appel à ce souvenir, si je suis un jour dans cette situation de vulnérabilité. Lâcher prise, et se laisser soigner avec grâce !

Il n'y a pas de réponse toute faite
à la question de savoir si c'est bien ou pas
de s'occuper de l'intimité d'un parent !

La vulnérabilité fait peur. Dans une société comme la nôtre, fondée sur la maitrise, le contrôle, le succès et la performance, c'est une non-valeur. Nous n'aimons pas voir ceux qui représentent la force et la protection devenir progressivement ou brutalement des êtres fragiles, dont il faut s'occuper. Cet éventuel changement de rôle ou de statut inquiète beaucoup plus nos enfants que la question du financement de notre dépendance. J'ai lu que certains se demandent si c'est une bonne chose que d'accepter cette inversion des rôles alors que d'autres agissent et ne se posent plus la question.

Pour Danièle, par exemple, qui a présidé longtemps une association de familles dans une maison de retraite, c'était devenu quelque chose de très banal. « Tu ne peux pas savoir le nombre de fois où j'ai entendu les femmes parler de leur mère en disant "ma fille" ! Mon amie Catherine Bergeret-Amselek, psychanalyste, avec qui je parle parfois de cela, m'a fait observer que ce renversement des rôles s'impose parfois au moment où la fille ou le fils, devenant eux-mêmes seniors, affrontent une crise existentielle : ils entrent dans leur jeune vieillesse, dressent souvent le bilan de leur vie et de la manière dont ils entendent en vivre le dernier tiers. « Le parent apparaît comme un frein qui empêche de se réaliser. » Il y a donc conflit entre le désir d'adoucir la fin de vie de son parent et la peur que cette situation ne dure. C'est une ambivalence difficile à accepter, et qui pourtant est normale. La distance juste est difficile à trouver : on voit des enfants, culpabilisés, qui risquent de trop en faire et finissent tôt ou tard par craquer. Cela peut aussi aboutir à des maltraitances. On en voit d'autres qui préfèrent garder une saine distance et faire appel à des aides extérieures, afin de ne pas entacher leur lien affectif.

Faire la toilette d'un parent, par exemple, ne va pas de soi. « Le corps du parent est tabou. Ce n'est pas à un fils de faire la toilette de sa mère, ni à une fille de faire celle de son père », pense Catherine. « Ces situations frôlent de trop près l'interdit de l'inceste. Peut-être est-ce un peu moins difficile pour une femme qui a l'expérience de la maternité. Mieux vaut toutefois l'éviter et confier cette tâche à des professionnels, pour respecter l'intimité des aînés[25]. »

Catherine reconnaît cependant que certains enfants sont plus à l'aise que d'autres sur ce point. « On sent bien que pour donner de la tendresse à son parent, il faut avoir reçu de la tendresse de sa part », lorsqu'on était enfant. C'est aussi une question de tempérament. Dans une fratrie, certains sont plus tactiles que d'autres. Au fond, il n'y a pas de réponse toute faite à la question de savoir si c'est bien ou pas de s'occuper de l'intimité d'un parent. Chacun fait ce qu'il peut, et jusqu'où il peut. On n'a pas à juger.

---

25. Propos tenus par Catherine Bergeret-Amselek dans *Psychologies Magazine*, juin 2010.

Ce qui rend parfois les choses difficiles, voire impossibles, c'est lorsque le parent culpabilise l'enfant quant à son devoir filial. « Moi qui me suis tellement occupé de toi… » Il y a une pression insupportable. Les enfants n'en font jamais assez ou le font mal ! Quand, dans une fratrie, quelqu'un s'auto-désigne comme le parent de son parent, c'est souvent dans une volonté inconsciente de réparer quelque chose. L'enfant a quelque chose à restaurer, une relation manquée, une faute à se faire pardonner, une dette à combler. Au fond, cela n'a pas beaucoup d'importance, si cela se passe bien et si ce surinvestissement ne se fait pas au détriment des autres frères et sœurs. Malheureusement, trop souvent, celui qui « prend en charge » son parent souffre d'un manque de reconnaissance de la part des autres ou même de la part dudit parent. L'histoire du fils prodigue, qui ne vient voir sa mère qu'une fois par mois, et qui est accueilli à bras ouverts, alors que sa sœur, qui est là au quotidien, est souvent la destinataire de la mauvaise humeur de celle-ci, est une histoire que l'on retrouve dans presque toutes les familles.

Dans les témoignages que j'ai lus, nos enfants expriment ce souci de trouver la distance juste, de faire les choses par amour et non par culpabilité. Ce n'est pas facile, car de toute façon, s'occuper d'un parent dépendant prend du temps, et les filles notamment sont souvent écartelées entre leur travail, leurs enfants, leur mari et leurs parents. Cela oblige à établir des priorités, parmi lesquelles le couple et les enfants sont à préserver. Mais s'occuper d'un parent dépendant n'est pas seulement éprouvant. Ce peut être aussi une expérience riche et humainement féconde. Cela peut être l'occasion d'apprivoiser son propre vieillissement, de méditer sur sa finitude. L'occasion aussi de se rapprocher de ses frères et sœurs, de découvrir en soi une tendresse et une générosité qu'on ignorait. Je l'entends souvent. « Ces visites à ma mère ont resserré mes liens avec elle. Je l'interroge souvent sur mon enfance et sur la sienne. Elle se dévoile par petites touches et cela m'aide à mieux la connaître, à mieux l'apprécier, à m'inscrire dans une filiation. Je suis heureuse de pouvoir lui rendre l'amour qu'elle m'a donné[26]. »

---

26. Témoignage dans *Psychologies Magazine*, juin 2010.

On reste son enfant, et on continue d'apprendre, d'évoluer, de grandir.

Je viens de lire un ouvrage bouleversant. Sophie Fontanel[27] nous prend par la main et nous emmène avec infiniment de tact à la rencontre de ce qui nous fait si peur, la dégringolade du grand âge, le quotidien avec une personne fragile, entièrement dépendante des autres. Il s'agit de sa mère. Celle-ci est entrée peu à peu dans cette maladie de la grande vieillesse, où l'on perd un peu la tête, oublie beaucoup de choses, fait des bêtises, s'absente par intermittence, rendant la

27. Sophie Fontanel, *Grandir*, Robert Laffont, 2010.

tâche bien lourde à ceux qui sont là pour aider et protéger.

Grandir est le titre de ce beau livre où l'auteur nous dit qu'elle achève sa croissance, au contact de cette mère redevenue comme une enfant, « qu'on raisonne, qu'on encadre, qu'on nourrit, qu'on câline et qu'on lange ». On ne devient pas, nous dit-elle, le parent d'un parent dépendant. On reste son enfant, et on continue d'apprendre, d'évoluer, de grandir, à son contact. C'est ce qu'un ami psychanalyste lui a fait comprendre : « Un enfant, c'est quelqu'un qu'on rend indépendant. Il te quittera pour vivre... Alors que ta maman, où tu l'emmènes ? L'indépendance à venir, ce sera la tienne. Jusqu'au bout c'est toi l'enfant que ta mère autonomise. C'est elle la mère. Laisse-toi chambouler, parce que, mon amie, ce qu'elle est en train de parfaire, c'est ton éducation. »

Alors, Sophie laisse sa mère la construire, « mettre les dernières briques à ce qu'elle peut être ». Jamais elle n'a eu autant conscience des autres, jamais elle n'a autant senti ce que signifiait « être présent ». « J'ai plus appris là, ces temps-ci, en m'oubliant, qu'autrefois quand je pouvais faire selon mon bon vouloir et me trompais sans cesse… J'ai trouvé des trésors pour lesquels les aventuriers paieraient des fortunes. »

Elle se construit, elle apprend donc d'une mère investie d'une « compétence nouvelle », celle de se réjouir de tout : « Chaque visite est un coup de foudre. Chaque personne, une rencontre nouvelle. Chaque biscuit salé, un mets à tester. La manière dont une fleur s'ouvre : du jamais vu. La manière dont le soleil lui lèche les pieds : un miracle. » « Mais qui est ce génie qui m'enseigne la vie ? » se demande-t-elle. Comme c'est rafraîchissant d'entendre parler de la dépendance autrement que comme un insupportable fardeau, d'entendre qu'une personne dépendante peut nous apprendre à être plus vivant, à prendre des risques, à se bouger « au lieu de rester ligoté dans un couple qui foire » ou de ressasser ses regrets, ses rancunes et ses remords. Bien sûr, s'occuper d'une personne dépendante, c'est lourd ! Bien sûr que c'est lourd ! « Mon corps ces temps-ci a l'âge de ma mère plus le mien, j'ai cent trois ans. » Sophie Fontanel l'accepte parce que, lorsqu'elle était enfant, c'est sa mère qui « la délivrait du poids du quotidien ». Alors « je peux bien rendre, à présent ».

Comme c'est étrange ce renversement des rôles qui nous offre l'occasion de « rendre » un peu de ce qu'on a reçu. Un don d'amour irremplaçable !

« Ta mère donne encore. Prends », dit une de ses amies à Sophie. Si nous pouvions changer notre regard sur toutes les personnes qui, devenues si vulnérables, font appel à notre responsabilité ! Si nous pouvions lire, dans la façon souvent silencieuse et discrète qu'elles ont de recevoir notre aide, la manifestation d'un don ! Oui, elles nous donnent encore, alors qu'elles ont le sentiment de ne plus être bonnes à rien, de ne plus être utiles, d'être en trop dans le monde. Le récit de Sophie Fontanel fait sauter toutes les fausses idées que nous nous faisons de la « dépendance ». Si nous acceptons le fait que nous sommes tous dépendants les uns des autres, nous pouvons alors aller un peu plus loin, et découvrir que ceux que l'on croit aider sont ceux qui nous aident, que ceux que l'on croit autonomiser nous autonomisent. Ceux qui vont mourir sont ceux qui nous apprennent à vivre ! « Dis donc, tu ne vas pas te désintéresser de la vie juste quand ta mère en voit la valeur ? » dit cette mère en fin de vie à sa fille qui, par moments, se montre épuisée.

Voilà donc une fille qui s'occupe de sa mère « dépendante » et qui nous dit tout ce que cette expérience lui apporte, comment elle achève sa croissance grâce à elle. Elle écrit pour transmettre ce qu'il est si difficile de faire comprendre, dans un monde où l'égoïsme est roi. Et elle se demande, puisqu'elle pense sans cesse au jour où elle sera, elle aussi, âgée et vulnérable, et devra s'en remettre à la bienveillance d'autrui : « Qui dans ce monde pourra faire pour moi ce que je fais pour ma mère ? Qui sera présent ? Qui me soutiendra… ? Et est-ce que je me tuerai un jour, pour cause de ce manque d'amour très particulier qui est le manque d'aide ? »

Ils demanderont
à ce qu'on leur donne la mort !

Ce cri du cœur de Sophie Fontanel me bouleverse. Je pense à la détresse de Virginie à qui ses parents ont dit : « Si on devient grabataires, tu nous achèves, on ne veut pas finir comme ça ! »

J'entends autour de moi des personnes qui accompagnent un père ou une mère atteints de la maladie d'Alzheimer et qui avouent en pleurant que leur parent leur a déclaré dans un moment de désespoir : « Si je deviens un légume, tu me mets un oreiller sur la tête, et on n'en parle plus. » C'est une phrase que certaines des personnes rencontrées par Édouard disent avoir entendue aussi. Leur souffrance morale est évidemment immense, comme leur culpabilité. J'ai entendu un jour Catherine Ollivet, la présidente de France Alzheimer se demander : « Qu'en serait-il si cette phrase lancée sans en mesurer les ravages affectifs devenait une obligation légale d'y consentir ? Une souffrance morale encore plus terrible pour certains ou, pour d'autres, le soulagement face à l'économie considérable que cette autorisation permet ? »

Madame Ollivet est claire. Dès lors qu'une loi le permettra, nombreuses sont les personnes qui, apprenant leur diagnostic d'Alzheimer, demanderont à ce qu'on leur donne la mort. Elles le feront par générosité, et si elles ne le font pas, on les poussera à le faire par civisme.

Tout le débat sur le financement de la dépendance va être sous-tendu par la question de la dignité des personnes « dépendantes » et pire, par l'idée que cette dignité peut se perdre. N'avons-nous pas entendu Nicolas Sarkozy, dans ses derniers vœux[28], nous expliquer qu'il voulait protéger ses concitoyens de la « dépendance », et ce au motif que « chacun a droit à sa dignité face aux souffrances du grand âge ».

28. Le 31 décembre 2010.

Or c'est là un rapprochement sémantique et philosophique à très haut risque. Protéger de la dépendance pour prévenir une perte de *dignité*, et ce du fait des *souffrances du grand âge* ? On aimerait savoir qui a poussé le Président à réaliser ce rapprochement.

Or la dignité est quelque chose d'intrinsèque à l'humain et d'inaliénable. C'est l'impératif de Kant : toute personne est digne quelque soit l'état dans lequel elle se trouve. Tous nos droits de l'homme sont fondés sur cet impératif.

Il y a de nos jours de plus en plus de personnes qui dévoient cette conception et qui jugent que la dignité est synonyme d'autonomie. On perdrait donc sa dignité en perdant son autonomie ! Cela signifierait-il alors que tous les malades en fin de vie, tous les handicapés, tous les vieux affaiblis et vulnérables seraient indignes ? C'est évidemment une idée indigne, pour le coup, intolérable sur le plan éthique, à la limite des idées funestes des années 1930.

Certains disent : « Je suis seul juge de ma dignité », comme si la dignité avait quelque chose à voir avec l'image que l'on se fait de soi-même ! On voit bien que c'est une préoccupation narcissique de bien-portants. La plupart des personnes dépendantes ne sont plus prisonnières de cette faille narcissique. Ce qui compte pour elles, ce n'est pas l'image qu'elles renvoient aux autres, c'est le lien, fait de petites choses pourtant si importantes : les regards, les gestes d'affection, les mots qui s'échangent et qui disent la place que ces personnes gardent dans le cœur de ceux qui les aiment. C'est bien ce que nous dit Sophie Fontanel. La personne réduite à son impuissance et à sa perte d'autonomie est toujours infiniment plus que ce à quoi elle est contrainte !

D'autres invoquent *la liberté* comme critère de la dignité. On est digne lorsqu'on a conservé sa liberté de choix et de décision. Ne soyons pas naïfs : une liberté pure, lavée de toute pression extérieure, n'existe pas. Quelle est la liberté d'une personne âgée, dépendante, à qui on viendrait suggérer que demander la mort pourrait être un geste citoyen généreux ? La dignité ne peut pas être la bannière de ceux qui font la promotion du suicide.

Nous avons remarqué la concomitance entre le démarrage du chantier sur le financement de la dépendance et le vote au Sénat[29] d'une loi permettant à un médecin d'injecter la mort à une personne qui le demanderait, loi qui a finalement

29. En janvier 2011.

été rejetée. Cette concomitance a fait réagir Bernard Debré[30]. Dans une tribune virulente, il écrit : « Nous qui avons la vie, la santé, la beauté, qui avons l'autonomie physique, des capacités intellectuelles intactes, qui avons la Sécurité sociale qui nous rembourse nos "petits médicaments", nos taxis ou nos ambulances, qui bénéficions de l'accès quasiment gratuit à l'hôpital, de soins à domicile et d'arrêts de travail, quand un peu fatigués, nous nous décidons à ne plus travailler, nous allons voter une loi qui permettra de nous débarrasser de tous ces vieillards tristes, "gâteux et tremblotants", qui ne reconnaissent plus personne, sauf lors de quelques éclairs de lucidité, qu'il faut aider à se nourrir et "qui font sous eux". Des vieillards que nous jugeons "sales et dégoûtants", qui coûtent cher, et qui nous prennent l'argent de "notre" Sécurité sociale ! À quoi cela sert-il, d'ailleurs, qu'ils vivent et meurent de façon si indigne ? Aussi lentement ? Cette loi permettra donc enfin qu'ils meurent dans la dignité. "Dis, Pépé, tu ne crois pas qu'il faut signer là ? Qu'espères-tu de la vie ? Tu ne vois pas que tu nous encombres ? Tu ne vois pas que tu n'es plus digne ?" »

30. *Le Figaro*, 24 janvier 2011.

Bernard Debré s'indigne d'une loi qui ouvrirait la voie à une « méta-humanité matérialiste et desséchée ». Une méta-humanité propre, avec des cliniques spécialisées dans lesquelles on s'occupera de tout, moyennant un forfait raisonnable. On y mourra « en musique stéréo, à côté des images de ses acteurs préférés ou de ses parents ». « Votre mort sera filmée en direct pour prouver aux générations suivantes, à vos enfants que vous êtes mort dans la dignité. »

Mais il pointe aussi les déviances économiques qui ne manqueront pas de se produire. « Je vois déjà les inspecteurs de la Sécurité sociale interroger, voire condamner ceux qui n'auraient pas euthanasié assez rapidement leur malade agonisant ! »

Lorsque nous en avons parlé ensemble, Édouard m'a fait part de l'ignorance quasi générale de sa génération, en ce qui concerne le cadre législatif de la fin de vie. Tout le monde tombe, m'a-t-il dit, dans le piège des sondages aux formulations ambiguës. Si on leur demande s'ils sont favorables à ce qu'une personne atteinte d'une maladie incurable, en proie à d'atroces souffrances, reçoive une aide médicalisée à mourir, ils vont répondre oui. C'est parfaitement compréhensible. Ce qui l'est moins, c'est que les médias interprètent leur réponse comme étant la preuve qu'ils sont favorables à une loi permettant à un médecin de donner la mort. Chaque fois qu'Édouard leur a expliqué ce qu'était la loi Léonetti[31], ce qu'elle permettait, ils ont compris qu'elle répondait à l'ensemble de leurs angoisses.

Rappelons que c'est une loi qui oblige les médecins à soulager les souffrances, même si ce soulagement écourte un peu la vie. Elle les oblige aussi à respecter la volonté d'une personne qui demande qu'on « arrête », c'est-à-dire qu'on mette fin à tout ce qui prolonge inutilement la vie, les traitements, les tuyaux, l'alimentation artificielle. Elle permet aussi de désigner une personne de confiance qui sera consultée par les médecins, au cas où le malade ne serait pas en état de communiquer. Or tout cela, 68 % des Français l'ignorent !

Je pense qu'il est important que la génération de nos enfants soit mieux informée, car elle sera moins perméable aux pressions faites par ceux qui voudraient inscrire dans le marbre le droit de donner la mort. Il est infiniment dommage que, par méconnaissance, les gens, et parmi eux les

31. Il s'agit de la loi « Droits des malades et fin de vie », du 22 avril 2005.

plus instruits, ceux qui lisent les journaux, les gens cultivés, persistent à penser que seule l'euthanasie peut procurer une mort digne. Comme si le fait de choisir le moment de sa mort et de l'anticiper constituait un progrès ! Je considère, comme Sophie Fontanel, que cela signe au contraire une faillite, la faillite de l'amour. L'échec de notre capacité, personnelle ou collective, à être l'ami proche de cette personne âgée, qui se demande si sa vie compte encore pour quelqu'un.

Que transmet-on ?

Je me sens protégée par l'amour que je leur ai donné et que je leur donne encore !

Les témoignages de nos enfants tournent tous plus ou moins autour de cette question de ce qui se transmet d'une génération à l'autre. Lorsque l'inquiétude financière est évoquée, lorsqu'on se demande quelle place matérielle ou affective on donnera à un parent vieillissant dans sa vie, on sent que le nœud de ces angoisses réside dans l'histoire affective de chacun. Les témoignages qui suivent montrent que lorsque le lien que nous avons établi avec nos enfants est fondé sur l'amour et la confiance, l'angoisse de l'avenir s'estompe.

À 64 ans, Hélène, est mère de trois enfants et grand-mère de cinq petits-enfants. Elle vit seule, très modestement, dans un petit studio de la région parisienne. Il y a vingt ans, elle a divorcé de son mari, lassée par les infidélités de ce dernier et son indifférence à la vie de famille. Comme elle n'a jamais été procédurière, elle est partie avec quasiment rien. Il lui a donc fallu trouver rapidement un travail, pour la première fois depuis son mariage. Un hôpital parisien l'a recrutée comme secrétaire médicale, un poste qu'elle n'a pas quitté depuis. L'année prochaine, Hélène devra partir à la retraite et comme elle n'a cotisé qu'une vingtaine d'années avec un petit salaire, elle sait que sa vie matérielle, déjà peu aisée, va se durcir considérablement. Mais elle ne s'en fait pas trop. Elle espère pouvoir compléter sa maigre retraite en gardant des enfants et, pour le reste, elle « fait confiance ».

Hélène n'a jamais été confrontée à la dépendance d'un parent, car les siens sont morts jeunes et autonomes. Elle avoue avoir du mal à se projeter, et au fond, ne pas y voir l'intérêt. L'avenir, pour elle, c'est surtout du court terme, ce qu'elle fera dans les toutes prochaines années, quand elle aura encore « une vie sociale et affective, même si je n'ai pas d'homme dans ma vie ».

Lorsque toutefois, elle accepte de se projeter dans la grande vieillesse, Hélène se dit confiante. « Je sais que mes enfants ne me laisseront jamais tomber. Je sens qu'ils sont heureux de m'avoir, aimants, attentifs. Il n'y a pas de raison que ça change. » Ses petits-enfants aussi sont attachés à elle. Elle ne s'imagine donc pas passer des années sans être appelée ou sans partager des moments avec les uns ou les autres… « Mais si je devenais dépendante, je ne supporterais pas de peser sur eux. Je prendrais une petite chambre chez les Petites Sœurs des Pauvres ou un institut religieux qui accueille les gens avec peu de moyens. »

En fait, plus que la dépendance ou la vieillesse, s'il y a une chose qui la « préoccupe », c'est surtout le chemin « vers plus de spiritualité », car le corps qui souffre, le cerveau qui ramollit, ce n'est pas vraiment le plus important pour elle. Profondément croyante, Hélène pense que si elle doit se préparer à quelque chose, c'est surtout au « passage final ».

Comment explique-t-elle la confiance qu'elle a vis-à-vis de ses enfants ? « Je leur ai transmis des valeurs et donné de l'amour. Ils ont le sens des responsabilités et je ne pense pas qu'ils laisseront leur maman sombrer dans la solitude. Ils le feront par devoir, mais aussi par amour. » D'ailleurs, un de ses fils a déjà évoqué, de lui-même, son souhait qu'elle vive près d'eux en Normandie, plus tard. « Après, précise Hélène, il faut voir si ma belle-fille serait d'accord. Le point de vue des conjoints, ça compte. » Le week-end dernier, une de ses petites-filles (6 ans) lui a même dit « quand je serai grande, j'aurai un poney club et une boulangerie, et toi, tu tiendras la boulangerie ». Elle a trouvé cela très touchant. « Cela veut dire qu'elle me voit en forme encore longtemps. »

Mais ses enfants feront-ils la même chose pour leur père ? Hélène ne sait pas. Ce qui est sûr, dit-elle, c'est qu'ils ont une relation bien différente avec lui. Depuis toujours, il a été distant et indifférent. Il parle tout le temps de sa vieillesse. Cela l'angoisse alors qu'il a de l'argent et une femme beaucoup plus jeune que lui. « D'après mes enfants, il se plaint beaucoup. À 65 ans, en pleine santé et sans aucun souci matériel, c'est plutôt paradoxal, non ? »

Hélène, elle, estime ne pas avoir à se plaindre. Elle est heureuse de ce que ses enfants lui donnent et se réjouit de leurs visites. Elle n'attend rien de particulier et n'a pas d'angoisse sinon celle qu'il leur arrive quelque chose. « Comme dit Jacques Brel, "j'ai mal aux autres" », ajoute-t-elle.

Quand je lui demande ce qu'elle pense des témoignages recueillis par Édouard, elle me dit comprendre que ceux qui ne connaissent pas « l'amour filial » puissent dire : « Je n'ai pas reçu, je ne donnerai pas. » En ce qui la concerne, elle se sent en sécurité. « Je me sens protégée par l'amour que je leur ai donné et que je continue à leur donner. L'amour sauve tout. Vieillir, c'est triste, mais je pense qu'on aborde d'autant mieux cette épreuve si tout au long de sa vie, on est resté fidèle à ses idées, à ses valeurs. Dans ce cas, qu'y a-t-il à regretter ? »

« Avec mes enfants, nous avons eu des accros, comme tout le monde, mais comme on aime se dire les choses, il n'y a pas de non-dits qui viennent gâcher notre relation. En fait, c'est très simple, nous nous aimons gratuitement, sans calcul. »

Beaucoup dépend de Dieu,
un peu d'eux, beaucoup de moi !

Khadija a 62 ans. Elle est arrivée du Maroc en France à l'âge de 12 ans, et malgré sa maladie de Parkinson, elle continue à travailler, car quand elle s'active, dit-elle, ses mains ne tremblent plus. C'est une femme très douce, veuve, mère de six enfants, dont elle parle avec beaucoup de fierté et d'affection. Elle s'occupe en ce moment d'une très vieille dame de 85 ans, en perte d'autonomie et sous tutelle. « Je suis choquée, vous savez, quand je vois comment son fils, qui a 55 ans, la traite : il lui parle mal, comme si elle était une gosse ! Même à un enfant, on ne parle pas comme ça ! Et puis, il lui demande tout le temps de l'argent. Je ne dis rien, parce que ce ne sont pas mes affaires, mais ça me choque beaucoup, ça oui ! » Khadija fait ce qu'elle peut pour cette vieille dame malheureuse. Elle vient la voir, la réconforte. Elle n'a plus la force physique de lui faire sa toilette, de lui donner sa douche ou son bain, et il y a toute une noria d'aides à domicile qui défilent toute la journée. Mais malgré cela, cette vieille dame est terriblement seule. Ses nuits sont terribles, car elle ne trouve pas le sommeil ; « Elle me dit qu'elle n'a rien à faire sur terre ! » Khadija a l'air sincèrement bouleversée. « Chez nous, au Maroc, on honore nos vieux ! On les respecte. Le vieux, c'est le symbole de la sagesse et de l'expérience. Quand il meurt, on dit qu'"une bibliothèque brûle". » Je retrouve dans ses propos ce même respect des personnes âgées évoqué par Nora, dans la première partie de ce livre.

Les parents de Khadija sont morts à l'âge de 77 et 72 ans, dans leur famille, entourés de leurs enfants. « Car, chez nous, on s'occupe de ses parents. C'est sacré, c'est la tradition qui le veut, mais on ne le fait pas par obligation. On le fait parce qu'ils nous ont donné la vie et que c'est naturel. » La voilà qui évoque devant moi la façon dont elle a pris soin de son père, dans les derniers mois de sa vie. « C'était une joie ! Quand on était là autour de lui, cela lui redonnait de la vie, cela lui faisait du bien, le bruit de la famille autour, les conversations... »

Et sa vieillesse ! Est-ce qu'elle y pense ? Khadija me dit qu'elle ne préfère pas. Elle sait qu'elle est dans un pays où on ne s'occupe pas vraiment des vieux, mais elle a confiance ; surtout en ses enfants, qui garderont, elle l'espère, les valeurs de sa culture. Elle cite une parole du Coran : « Le Paradis est sous les pieds de ta mère ! » Cela dit tout de ce que chacun se doit de faire pour son parent, et surtout pour sa mère. Ancrés dans une telle tradition, ses enfants la rassurent : « Ne t'inquiète pas, Maman, on est là. On va te protéger. Si tu n'as pas d'argent, c'est pas grave, on travaille ! » Khadija a remarqué que depuis qu'on a diagnostiqué chez elle le début d'un Parkinson, ses enfants sont beaucoup plus affectueux, ils s'inquiètent. « Ils ont toujours été gentils, mes enfants, mais maintenant ils viennent plus vers moi qu'avant ! C'est vrai que les parents, c'est irremplaçable ! On peut remplacer une femme ou un mari, un enfant, mais on ne peut pas remplacer un parent ! Quand leurs grands-parents sont partis, cela les a beaucoup marqués. » Elle sait donc qu'elle ne connaîtra pas le type de solitude qu'elle constate tous les jours autour d'elle, chez les vieux de son quartier. « Je pense souvent à tous ceux qui sont "vraiment seuls". Cela me rend triste, je prie pour eux… » Une prière qu'elle pratique cinq fois par jour, comme sa tradition religieuse le commande. Elle me parle avec beaucoup de simplicité de sa foi. Dieu lui a donné la vie, c'est lui qui la reprendra. Elle le prie donc, du fond du cœur, de venir la chercher avant qu'elle ne devienne trop dépendante de ses enfants. « Je demande à Dieu la force. C'est lui qui va m'aider. Quand on prie, on se sent bien ! » C'est sa manière de rassurer ses enfants que de leur rappeler que « beaucoup dépend de Dieu, un peu d'eux, et beaucoup de moi ! » À elle de rester confiante dans son destin !

Se préparer à devenir plus léger.

Robert n'imagine pas une seconde que ses enfants ne soient pas présents d'une manière ou d'une autre, quand il sera très vieux, puisqu'ils le sont déjà. La famille, c'est une dimension essentielle pour lui. Mais quand il imagine la présence de ses enfants, il ne veut surtout pas que ce soit pesant pour eux. Il faut qu'il y ait du plaisir, de la joie à se voir. Mais il sait que cela signifierait aussi de longues périodes de solitude. « Les proches ne peuvent pas être là tout le temps ! Ils ont leur vie, leur travail, leurs responsabilités. » Ses enfants auront évidemment envie de partager des moments affectifs forts, des moments de tendresse, mais le prix à payer pour ces moments qui seront « rares et courts », dit-il, « sera de supporter de longues périodes un peu lourdes et tristes ». Son expérience passée de visiteur bénévole auprès de personnes seules lui rappelle des souvenirs. Il évoque ces longues heures d'attente solitaires avant qu'une visite ne vienne éclairer la journée. Il compare cette attente à celle qu'il expérimente dans la pêche. On peut attendre trois heures que le poisson se manifeste ! « Au fond, c'est cela la vie des personnes très âgées : une demi-heure de gaieté, d'émotion, de tendresse avec ses proches, est encadrée de grands moments de solitude. Il faut s'y préparer ! »

« Se préparer à devenir plus léger ! » Robert pense que c'est la tâche de notre génération. Rien n'est plus lourd, en effet, qu'une personne âgée impatiente, nostalgique, irritée, amère. « Il y a tout un art de bien vieillir qui permet d'aborder les rives du grand âge de façon plus légère. Ce n'est sûrement pas facile ! » Car il faut lutter contre ce « cancer de l'ennui et de l'oisiveté » qui guette les personnes très âgées. Notre devoir de parents vieillissants n'est-il pas de mettre en place suffisamment tôt des activités « comblantes » que nous pourrons poursuivre jusqu'à notre mort ? En ce qui le concerne, il les a identifiées. Il y a d'abord la peinture qu'il continuera de pratiquer tant que ses mains le lui permettront, et si sa vue ne diminue pas trop. « Vieillir n'interdit pas de peindre. » Il évoque le peintre Tiepolo[32] qui tremblait dans son grand âge, « mais cela ne l'empêchait pas de peindre ! Il tremblait, on le voit dans son dessin, mais c'est magnifique ! » Je parle alors d'un livre étonnant sur la créativité intacte des personnes gravement détériorée par ailleurs. Dans *La Vie enfouie*[33], Patrick Dewavrin présente et commente des peintures réalisées par des malades Alzheimer. Il montre que la grande vieillesse, même dans ses aspects les plus destructeurs, épargne souvent la créativité et la force poétique de l'être humain. Ainsi Willem De Kooning, grand peintre de l'expressionnisme abstrait, a peint jusqu'à sa mort. Les dernières toiles, peintes alors qu'il était atteint de la maladie d'Alzheimer, montrent une plus grande liberté du trait et des couleurs plus intenses. Les critiques, dit Patrick Dewavrin, se sont interrogés sur leur valeur artistique, « mais le public a tranché ». Ces toiles se sont très bien vendues. De même, le graphiste

32. Giambattista Tiepolo (1696-1770), peintre et graveur italien.

33. Fleurus Éditions, 2011.

allemand Carolus Horn, qui s'est amusé toute sa vie à peindre le pont du Rialto à Venise, a continué à le faire pendant sa maladie. « La figuration devint alors beaucoup moins travaillée, plus libre, et les couleurs plus intenses. » Bien que les perspectives ne soient plus tout à fait respectées, ce sont les dernières toiles que les spectateurs préfèrent, car elles sont plus expressives et soulèvent plus d'émotions. Patrick Dewavrin en conclut que ce fléau de la vieillesse, en levant certaines inhibitions, rendrait les gens plus perméables à leurs émotions, leurs désir secrets, leur vraie nature. Voilà qui devrait rassurer Robert, pour qui continuer à faire ce qu'il aime et qui l'épanouit est la clé du « vieillir léger ». Garder le contact avec la nature et avec ses petits-enfants complètera cet art de vieillir.

« Je me dis que si je suis un vieillard, j'aimerais être à la campagne. J'aimerais entendre le chant des oiseaux le matin, avoir un chien près de moi, aller voir les moutons au bout du champ, avoir un potager, pouvoir guetter le printemps, entendre le vent dans les cerisiers. Je me dis qu'en vieillissant les souvenirs de mon enfance à la campagne reviendront. Je voudrais revivre ces impressions, revivre cette gaieté là, celle du contact avec la terre, le vent, les saisons, les animaux. On peut alors être seul, sans être seul. » C'est donc chez lui, à la campagne, qu'il aimerait vieillir. Certainement pas dans une maison de retraite. « Même si tu es très diminué ? » ai-je demandé. « Je préfère me tenir au mur et marcher tout doucement, entre deux chaises, chez moi, me faire aider par des voisins, car je ne pense pas que je supporterai la promiscuité d'une maison de retraite », avoue-t-il. « Cela me paraît terrifiant, cette vie en collectivité avec des rythmes imposés, ces distractions imposées, ces personnes dans leur fauteuil, côte à côte et qui ne se voient même plus… Ce n'est pas parce que j'aime la solitude, non, je n'aime pas la solitude. Ce n'est pas parce que la peinture est une activité solitaire que je suis armé pour vivre seul ! Donc je sais que ce ne sera pas évident. Mais je me dis : tout sauf cette promiscuité ! Il vaut mieux être avec son chien ou avec sa radio. Et puis la radio ! La radio, c'est une voix ! Elle peut permettre de traverser les moments de solitude, en attendant les visites des enfants et des petits-enfants ! Pas n'importe quelle radio, France Culture, parce que ça oblige à penser. » Robert cite alors l'exemple de la mère d'une voisine, centenaire, qui vit encore chez elle, et cela lui paraît l'idéal.

Pourtant, lorsque nous évoquons sa peur de la maladie d'Alzheimer, il admet que, dans cette hypothèse, il accepterait d'être transféré dans une institution. « Il n'y aurait pas d'autre choix ! » dit-il, car « je ne veux pas être un poids pour mes enfants ou mon entourage. » « Si on me dit : vous êtes atteint de cette maladie et cela va se dégrader d'ici cinq ans, je m'inscris tout de suite dans une institution, je réserve ma place. »

J'ai devant moi un homme assez confiant dans sa capacité à faire face à son grand âge, dans la manière dont les choses s'organiseront. « Je sais que je peux me passer de bien des choses, et que si j'ai ce contact avec la nature et les miens, j'assumerai. Mais il faut s'y préparer, se préparer à moins bien entendre, moins bien voir, moins bien marcher, bref à diminuer, sauf si on découvre d'ici là des choses, des moyens d'assistance, des robots qui nous éviteront ces diminutions. Il ne faut pas trop désespérer. On verra bien ! » L'important, en fin de compte, c'est d'avoir une vie spirituelle et de nourrir le lien avec les enfants, conclut-il, car leurs inquiétudes sont le miroir des relations qu'ils entretiennent avec leurs parents. « Lorsque la relation n'est pas bonne, trop entravée de conflits et de non-dits, lorsqu'on a des comptes à régler, on voit poindre les réactions agressives et la culpabilité. » Robert pense sincèrement que si parents et enfants ont une affection réciproque, ils trouveront des solutions aux problèmes qui se poseront en avançant en âge.

Des puits de sagesse auprès desquels beaucoup viendraient se désaltérer !

Colette a 65 ans. Elle est séparée depuis cinq ans d'un homme qu'elle aimait beaucoup, et cette séparation l'a meurtrie. Elle reconnaît pourtant maintenant qu'elle a commencé un chemin spirituel qu'elle n'aurait peut-être pas pris si les choses s'étaient passées autrement. Après une longue traversée du désert, émaillée de moments dépressifs, elle a conquis son autonomie et appris à vivre avec sa solitude. Elle sait aujourd'hui que ce qui compte pour elle, c'est de vivre sa spiritualité. Mais partager est essentiel pour cette femme qui a toujours été très active, entourée d'amis, curieuse de la vie. Elle veut une vie fraternelle au cœur et à l'écoute du monde.

Lorsqu'elle a entendu parler de l'expérience belge des béguinages, ces petites maisons silencieuses, serrées les unes contre les autres, où des hommes et des femmes choisissent de vivre en communauté leur vieillesse, elle s'est promis de mettre son énergie à créer un habitat de ce type. Je lui fais part de ma propre réflexion à ce sujet. Je suis convaincue en effet qu'il nous reste à inventer des habitats d'un type nouveau, qui correspondent à ce que beaucoup d'entre nous souhaitent : vivre notre vieillesse dans un environnement qui respecte nos besoins profonds, notamment celui de rester jusqu'au bout dans l'environnement que nous aurons choisi et d'être entourés de nos amis spirituels. Quel crève-cœur, lorsqu'on a choisi de vivre dans un habitat où l'on s'est fait des amis, de devoir être « transféré » comme un objet indésirable vers une structure médicalisée où l'on se retrouvera au milieu d'inconnus, sous prétexte que l'on a perdu son autonomie ! Ne peut-on imaginer une structure communautaire dans laquelle les résidents s'engageraient les uns vis-à-vis des autres à ne pas abandonner l'un d'entre eux, devenu dépendant ?

Un ami m'a opposé récemment l'argument selon lequel ce type d'habitat ne pouvait pas se réaliser parce qu'une personne de 75 ans n'aurait pas envie de s'installer dans un lieu où vivraient des personnes beaucoup moins autonomes qu'elle. Je lui ai fait part de mon idée : créons des structures dans lesquelles on allie le respect de l'intimité de chacun et des moments de partage philosophiques et spirituels. Si les résidents se donnaient comme règle d'un bon vieillir ensemble, de prendre le temps de se connaître, d'échanger sur leur vie, leurs expériences, leurs visions du monde, de partager des moments de silence ou de méditation, ils créeraient un lien entre eux qui les rendrait solidaires les uns des autres. Lorsque l'un d'entre eux deviendrait dépendant, les autres ne pourraient pas concevoir de le « transférer » ailleurs, car il serait désormais un ami. Une telle communauté humaine ne peut pas exclure l'un des siens, sous prétexte qu'il n'est plus autonome. Il y a une autre réponse possible : s'appuyer sur les services de soins à domicile, ou les services de soins à la personne, et pour le reste, la présence humaine dont toute personne a tant besoin dans ces moments de vulnérabilité. Constituer ainsi une chaîne de solidarité. Mais sans ce lien spirituel entre les résidents, je ne crois pas, en effet, qu'un tel projet soit possible.

Il existe une résidence de ce type à Louvain-la-Neuve. Une sorte de béguinage moderne. Le Petit Béguinage comprend actuellement sept habitations pour des couples ou des personnes seules, qui ont accepté de se conformer aux règles du vieillir ensemble conçues par les fondateurs. Une équipe de foyers catholiques, qui ont souhaité vivre une vie plus fraternelle, en vieillissant ensemble. Ils ne partagent donc pas seulement un lieu et des bâtiments[34], mais des valeurs et des objectifs qui donnent du sens à cette période de leur vie. « Ce côté immatériel du projet, que nous appelons "spiritualité" », n'est pas nécessairement religieux, mais doit être envisagé dès le départ pour permettre une cohabitation fructueuse.[35] » La vie à l'intérieur du béguinage cherche à trouver un équilibre entre vie privée et vie communautaire. Cette vie est tournée vers l'extérieur, en particulier vers la communauté estudiantine, et l'ambition de cette petite

---

34. Ils sont copropriétaires du lieu et l'acte de propriété, établi devant notaire, fixe les droits et obligations de chacun. Si l'un veut partir et vendre, il ne peut le faire sans l'accord des autres.

35. Revue *Générations*, n° 10-11-12, novembre 1997.

communauté est de devenir comme les béguines d'autrefois, un « poumon spirituel humble et bienfaisant dans un monde tenté par la gloire et l'égocentrisme ». Dans un monde influencé par le pouvoir de l'argent, la consommation abusive de biens matériels, ces seniors d'un type nouveau voudraient devenir des « puits de sagesse auprès desquels beaucoup viendraient se désaltérer et retrouver l'espérance ».

Je voudrais tant qu'ils accueillent
mon désir d'apaisement !

Dix femmes, de 60 à 72 ans, venant de milieux différents, sont réunies ce matin pour réfléchir au sens spirituel du vieillissement : comment pouvons-nous mettre un peu plus d'intériorité, de profondeur et de paix dans nos rapports avec nos enfants, et faire de notre avancée en âge une expérience féconde ?

La veille, elles ont travaillé sur la nécessité de mettre de l'ordre dans leur passé, de vider leurs valises pleines de regrets, de remords et de rancunes, afin de se sentir plus légères. L'une d'entre elles a souhaité avec beaucoup d'émotion que ses enfants ne l'enferment pas dans son passé : « Je voudrais tant qu'ils cessent de me faire des reproches, qu'ils rendent les armes et qu'ils accueillent mon désir d'apaisement. » Cet enfermement dans le passé est un boulet qui l'empêche d'avancer et dont elle aimerait se libérer. Elle aimerait dire à ses enfants : « Regardez-moi, je change, je continue à évoluer. »

Lorsque je leur ai demandé de méditer sur cette phrase de Michel Serres : « Tu n'as plus désormais à produire, mais à découvrir le vrai grain de ta vie », je me suis rendu compte que ce qui anime ces femmes vieillissantes, c'est l'envie de donner, d'aimer, de transmettre un peu de courage de vivre, de créer du lien. Le bonheur qu'elles ont à voir grandir leurs petits-enfants, à établir avec eux une complicité irremplaçable, à leur transmettre la confiance qu'elles ont dans leur avenir à eux, montre à quel point le lien intergénérationnel est vital pour elles.

« J'ai envie de passer ma vieillesse à restituer aux autres tout ce que j'ai reçu, et j'ai beaucoup reçu ! Je voudrais être une sorte de panneau solaire. Renvoyer aux gens qui m'entourent la chaleur reçue dans ma vie ! » a dit l'une. « J'ai envie d'être un phare », a rajouté une autre, « une fée », s'est exclamée une troisième.

Elles se veulent disponibles, mais sans devenir pour autant esclaves d'un engagement qu'elles ne pourraient pas tenir. Elles savent que pour arriver à cette présence bienveillante et aimante, elles doivent aussi respecter leurs besoins, prendre soin d'elles, de leur corps, nourrir leur esprit, apprendre à être une bonne compagne pour elles-mêmes. Voilà leur projet spirituel, l'horizon vers lequel elles vont voguer, bien ancrées en elles, légères, ayant laissé derrière elles ce qui pourrait les encombrer, les alourdir, les regrets inutiles, les rancunes qui ont perdu leur force, les remords qu'elles se sont pardonnés. Elles avancent, conscientes d'être sur un chemin étroit et difficile, car elles ne savent pas quel handicap ou quelle maladie peuvent leur tomber dessus. Mais elles sont confiantes pourtant dans leurs capacités internes à trouver leur voie et un sens à cette voie, où qu'elles soient, quel que soit leur état.

Voilà le travail que notre génération peut faire pour assumer son vieillir et ne pas trop peser sur ses enfants. « Prévoir en amont, dans un coin de sa tête, comment nous aimerions vieillir prépare le terrain et ouvre des portes », disait mon amie Catherine Bergeret-Amselek[36].

---

36. Interview donnée à *Psychologies Magazine*, octobre 2009, dossier « Bien vieillir, ça s'apprend ».

On ne peut pas continuer comme cela
à cacher la mort !

Vieillir, c'est se rapprocher de sa mort, nos enfants le savent. Ils nous sentent parfois angoissés par notre finitude. Ils le sont sans doute eux aussi. Il n'est pas facile dans un monde qui occulte la mort d'en parler au sein des familles. Cela reste un sujet tabou. Car même si la mort est hyper-présente, sur nos écrans de télévision, à travers les catastrophes, les guerres ou les faits divers, il s'agit de la mort lointaine, pas de celle qui nous touche de près, celle qui nous blesse ou blessera chacun d'entre nous, au cœur de nos vies et de nos amours, la mort de nos proches, de nos collègues, de nos amis. Cette mort-là, elle n'a pas sa place dans nos vies. Il est de bon ton de la cacher, de se faire le plus discret possible.

Autrefois, lorsque la mort se passait à la maison, que le mourant était veillé par sa famille, ses voisins, ses amis, il était plus facile d'en parler. Cela faisait partie de la vie, du quotidien. On vaquait à ses occupations, tout en les interrompant pour venir passer un moment près de lui, on évoquait des histoires vécues avec lui, on faisait venir le prêtre pour l'extrême-onction, et on priait autour de l'agonisant. La foi religieuse était certainement plus répandue et la mort avait alors le sens d'un passage, d'une séparation temporaire. On retrouverait un jour, au ciel, celui qui mourait. La mort était plus visible : on voilait de noir la porte des immeubles ou des maisons, les corbillards étaient reconnaissables de loin, on portait le deuil, le noir, puis le violet, puis un ruban noir au revers de son veston. On ne cachait pas son deuil comme on le fait aujourd'hui.

Aujourd'hui on meurt loin de chez soi, et généralement seul, à l'hôpital, ou sur un brancard dans les services d'urgences. Certainement de moins en moins chez soi, dans son univers familier, entouré des siens. Même les maisons de retraite ont du mal a garder un résident dans sa chambre, lorsqu'il va mourir. Si la famille n'en fait pas la demande expresse, la personne mourante est transférée à l'hôpital. Derrière ce transfert, on devine à nouveau la peur. La peur de rendre la mort visible. Et si les autres résidents se rendaient compte qu'un des leurs est mort ? Comment faire face à leur angoisse ? On leur en parlera plus tard, et seulement s'ils posent la question…

Comment s'étonner alors que l'on ait perdu progressivement les rites qui apaisent, la veille du mourant, les mots, les gestes qui disent la valeur des derniers échanges ? Comment s'étonner que nos contemporains se disent tellement démunis devant la mort de leurs proches ? Que trois personnes sur quatre, hospitalisées, meurent sans un proche à leur côté ?

Je crois que notre société commence à se rendre compte des dégâts qu'occasionne ce refus d'intégrer la mort dans la vie. Lorsqu'on est confronté à l'accompagnement d'un proche gravement malade, ou bien lorsqu'on vient de perdre un être cher, on se sent tellement seul, qu'il y a une soif immense de pouvoir partager ce qu'on vit.

Je me souviens d'une conférence à Valence, intitulée : La mort, parlons-en ! Une demi-heure avant le début de la conférence, la salle qui contenait 500 places était déjà pleine, et il y avait 200 personnes à la porte, dont certaines avaient fait une ou deux heures de route ! Je n'en revenais pas ! On parle de tabou de la mort, et les gens ont soif d'en entendre parler, comme si la solitude dans laquelle chacun se trouve face à cette question incontournable, dont il ne faut parler qu'à bas bruit, devenait insupportable. Et lorsque j'ai donné la parole à la salle, j'ai constaté qu'après un temps de silence, les gens se sont lancés et on n'arrivait plus à les arrêter : des questions, des témoignages, des récits pleins d'émotions et de vie. Il y avait un vrai besoin de parler de ce dont personne ne parle jamais.

J'ai acquis la conviction que pouvoir parler de la mort fait du bien. Les gens me disent tous qu'au lieu de les angoisser, cela les apaise. Et cela ne m'étonne pas, car en parlant de la mort, nous ne faisons finalement que parler de la vie, de la vie des gens qu'on a perdus, des derniers échanges qu'on a eus avec eux, ou que l'on n'a pas eus, de la peine que l'on éprouve, des leçons qu'on a reçues d'eux et de ce qu'ils nous ont transmis en mourant.

« La mort de mon ami, ça m'a fait réfléchir, méditer. J'ai pris conscience que la vie est fragile et que je devais en prendre soin », m'écrit un jeune homme de 25 ans qui me dit aussi qu'il ne voit plus les choses ni les êtres autour de lui de la même manière. Il se rend compte qu'ils ne seront pas toujours là et que les gens qu'il aime peuvent aussi disparaître à tout moment.

« On ne peut pas continuer comme cela à cacher la mort, à en parler à voix basse, comme si c'était une question honteuse, interdite, morbide. Cela n'a pas de sens », a-t-il conclu.

Nous savons bien que nous allons tous mourir un jour, que c'est un événement aussi important que la naissance. Alors, parlons-en ! Parlons de ce qui nous vient à l'esprit à propos de la mort, parlons de ce que nous souhaitons pour nos funérailles : un enterrement, une crémation, une cérémonie religieuse, un rituel laïc ? Nous aiderons peut-être ainsi nos enfants à retrouver une culture de l'accompagnement. Nous aurons alors moins peur de vieillir et de mourir.

Nous nous acheminons maintenant vers ce qui sera notre conclusion : nos enfants s'inquiètent de « ce qu'ils feront de nous », mais nous nous inquiétons nous aussi pour eux. Nous sommes conscients des difficultés auxquelles ils sont et seront confrontés, en vieillissant, eux aussi. Nous partageons sans doute la même peur de l'avenir, d'autant que le pilier contre lequel nous nous sommes longtemps appuyés – la famille – résiste mal aux assauts des valeurs de liberté et d'autonomie qui nous gouvernent.

Nous sommes optimistes, pourtant. Car même si nous sommes conscients de l'écart entre la bienveillance des uns et l'indifférence ou la dureté des autres, les témoignages croisés de nos deux générations, en dialogue, montrent le désir de loyauté qui nous habite. Nous nous sentons responsables les uns des autres, et notre force consistera, dans l'avenir, à se parler, à faire confiance à nos capacités d'adaptation, et à rester ouverts aux ressources infinies de l'amour.

Je pense alors à cette parole d'Édouard, lorsqu'il m'a remis les résultats de son enquête : « Quand il y a de l'amour, il y a des solutions. »

Nous tenons à remercier celles et ceux qui nous ont apporté leurs témoignages, sans lesquels ce livre n'existerait pas.

Marie & Édouard

Table des matières

Composition et mise en pages : Facompo, Lisieux

Cet ouvrage a été achevé d'imprimer sur Roto-Page
par l'Imprimerie Floch à Mayenne
en juin 2011

N° d'imprimeur : 79993
Dépôt légal : août 2011
Imprimé en France